U0600443

基金项目：国家社科规划艺术学年度项目"闽江流域民[间]
档与基因图谱研究"（23BH151）；福建省社科规划重点项目"闽侨古厝遗产资
源的数字化建档与传播应用研究"（FJ2025A039）；福建省社科规划特别委托项
目"以厝架桥，推动福文化的海外传播与推广研究"（FJ2024TWWY003）；
教育部人文社科规划项目"闽台海洋文化基因库构建和传承模式研究"
（24YJAZH238）；福州外语外贸学院学术出版基金资助。

数字人文视野下文化遗产资源的
数字化保护与传播应用研究

李云琦　钟　艳　柴雨嫣　著

中国商务出版社
·北京·

图书在版编目（CIP）数据

数字人文视野下文化遗产资源的数字化保护与传播应
用研究／李云琦，钟艳，柴雨嫣著. -- 北京：中国商
务出版社，2025.6. -- ISBN 978-7-5103-5699-5

Ⅰ. G264-39

中国国家版本馆 CIP 数据核字第 20253KZ920 号

数字人文视野下文化遗产资源的数字化保护与传播应用研究

SHUZI RENWEN SHIYE XIA WENHUA YICHAN ZIYUAN DE SHUZIHUA
BAOHU YU CHUANBO YINGYONG YANJIU

李云琦　钟　艳　柴雨嫣　著

出版发行：中国商务出版社有限公司

地　　址：北京市东城区安定门外大街东后巷 28 号　　　邮　　编：100710

网　　址：http://www.cctpress.com

联系电话：010—64515150（发行部）　　010—64212247（总编室）
　　　　　010—64241423（事业部）　　010—64248236（印制部）

策划编辑：李自满

责任编辑：周水琴

排　　版：北京天逸合文化有限公司

印　　刷：北京九州迅驰传媒文化有限公司

开　　本：710 毫米×1000 毫米　1/16

印　　张：12.5　　　　　　　　　字　　数：181 千字

版　　次：2025 年 6 月第 1 版　　　印　　次：2025 年 6 月第 1 次印刷

书　　号：ISBN 978-7-5103-5699-5

定　　价：98.00 元

凡所购本版图书如有印装质量问题，请与本社印制部联系

版权所有　翻印必究（盗版侵权举报请与本社总编室联系）

序　言

——写作来由

本书的写作源于我在福建乡村古厝研究中的深切体会。作为建筑遗产研究者，我长期穿行于闽地山海之间的传统聚落。福建虽为传统民居研究的宝库，但复杂的地理环境使大量建筑遗产长期处于学术视野的盲区。更令人忧心的是，与之相伴的族谱文书、口述历史和匠作技艺正随着老一辈的离去而加速消逝。正是这种紧迫感，促使我自2019年起尝试探索建筑遗产数字化保护，并关注建筑学与人文学科的交叉研究可能，数字人文（digital humanities）视角由此成为我学术探索的新维度。

传统的田野调查方法虽深入细致，但在面对广袤地域的文化遗产普查和公众传播需求时，其局限性日益显现。数字技术的介入为这一困境提供了突破路径：通过三维激光扫描，我们能够高效率保存建筑的精确空间数据；借助文本挖掘技术，可以系统梳理散落的家族文献；运用虚拟现实技术（VR）手段，则能让观众沉浸式体验建筑的空间叙事。这种技术赋能使文化遗产保护突破了"一时一地"的时空限制，实现了从实体保存到数字创生的跨越。值得注意的是，这种转变并非仅是技术层面的革新，更是呼应了《国家"十二五"时期文化改革发展规划纲要》提出的文化数字化战略，即通过资源数字化、生产数字化到传播数字化的完整链条，构建新型文化传承体系。因此，文化遗产的数字化保护绝非单纯的技术问题，而是一项涉及多学科交叉的复杂系统工程。它需要建筑学、考古学、计算机科学、艺术学、历史学、传播学等领域的学者通力合作，共同探索技术与人文的深度融合。这些学科视角的碰撞与交融，恰恰构成了数字化保护最富创造力的维度。唯有打破学科壁垒，通过这种深度的学科对话，我们才能在数字技术的赋能下，实现文化遗产从静态保存到活态传承、从专业研究到大众共享、从历史记忆到创新资源的全方位转化，最终构建起传统与现代对话、技术与人文共生的文化遗产保护新范式。

本书的写作初衷，正是希望从文化遗产数字化保护的视角出发，探索一条跨学科协作的研究路径。在书中，我将结合自身在建筑遗产领域的探索经验，探讨数字化技术如何为遗产保护提供新的路径支持。此外，本书也关注数字化技术在文化遗产传播中的应用。如何让文化遗产突破学术圈层，走入公众视野，成为社会共享的文化资源？希冀本书能够为文化遗产领域的跨学科研究与传播应用提供一些思考和启发，激发更多关于文化遗产数字化保护与传播的跨学科对话。

作者

2025 年 3 月

目　录

第一章

绪　论

第一节　研究背景

一、文化遗产保护面临严峻挑战

历史因传承而历久弥新，文化因赓续而生生不息。作为人类文明的璀璨瑰宝，文化遗产承载着民族的历史记忆与文化基因，既是文化多样性的重要载体，更是推动文明交流互鉴的桥梁纽带。我国作为拥有五千年文明史的东方古国，不仅是全球排名第二的世界遗产大国，也是现任世界遗产委员会委员，在全球文化遗产保护领域发挥着举足轻重的作用。

改革开放四十余年来，我国文化遗产保护事业取得历史性成就：第三次全国文物普查登记不可移动文物 76.7 万余处，第一次全国可移动文物普查收录国有可移动文物超 1 亿件（套）。截至 2023 年底，我国已成功申报世界文化遗产 39 项，公布国家级非物质文化遗产代表性项目 1 500 余项，认定国家历史文化名城 142 座、中国历史文化名镇名村近 800 个、中国传统村落 8 000 余个。

然而，庞大的文化遗产资源也意味着繁重的保护任务，尤其是在全球化加速、技术革命迭代与社会快速变迁的背景下，文化遗产正面临前所未有的挑战。联合国教科文组织（UNESCO）数据显示，全球约60%的不可移动文物正遭受自然侵蚀的威胁。与此同时，城市化进程中的"建设性损毁"同样触目惊心。中国第三次文物普查显示，4.4 万处登记不可移动文物因城镇化建设而消失。此外，文化遗产保护还面临制度性困境：绝大多数县级文保单位缺乏专项经费支持，法律体系滞后问题突出。据国际刑警组织统计，其数据库登记的 5 万件被盗文物中，仅15%通过法律途径成功追回，管理机制的碎片化问题亟待解决。面对这些交织叠加的挑战，如何守护"文化基因"，防止文明记忆的消逝，已成为时代赋予我们的紧迫课题。

数字技术的崛起，为文化遗产的保护与传承开辟了新路径。近年来，借助三维扫描、人工智能（AI）、VR 等前沿技术，文化遗产的数字化记录、修复与再现已取得显著进展。例如，通过高精度建模技术，建筑遗产得以实现全息数据留存；依托计算机仿真技术，历史场景得以在虚拟空间精准还原，使文化遗产突破时空限制，焕发出新的生命力。数字技术不仅为濒危文物提供了"数字备份"，更通过沉浸式体验、互动式传播，让文化遗产"活起来"，走进现代生活，延续文明薪火。

二、数字化技术为文化遗产保护带来新机遇

党的二十大报告指出，要"实施国家文化数字化战略"。2022年，国务院印发《关于推进实施国家文化数字化战略的意见》，提出要统筹利用文化领域已建或在建的数字化工程和数据库所形成的成果，关联形成中华文化数据库。2023 年，国务院印发《数字中国建设整体布局规划》，也重点提出建设"数字中国"的宏伟目标，倡导要充分运用数字化创新手段，融入优秀传统文化遗产，激活民族文化遗产基因。同时，鼓励中华文化的元素、符号融入数字内容的创作、生产和创意设计中，并在国土空间规划、生态文明建设、数字化中国建设等社会文化领域进行应用推广。这些努力旨在真正激发中华文化遗产的活力，也充分体现了数字技术和传统文化融合的重要性与紧迫性。

　　随着大数据、云计算、AI 等新一代数字技术的广泛应用与深度嵌入，数字化技术也深刻影响着文化和旅游的消费方式、经营方式、生产方式及管理方式。数字技术的迭代更新亦为文化和旅游高质量发展提供了强大动力。以数字化为支撑创造出的沉浸式、体验式、互动式消费新场景，当下已成为文旅产业发展的关键环节。《"十四五"文化和旅游发展规划》明确指出"要推进文化和旅游数字化、网络化、智能化发展，推动 5G、人工智能、物联网、大数据、云计算、北斗导航等在文化和旅游领域应用"。由此可以看出，我国对文物事业和产业的重视达到历史新高度。"以用促保"成为文化遗产政策聚集的焦点。

　　数字化技术的出现和大量运用，不仅改变了人们传统的生产、生活和娱乐方式，也改变了文化遗产的保护方式和人们对文化遗产保护的观念。随着数字化技术的快速发展，我国也在积极推动包括文物、非遗在内的文化遗产的数字化保护与传承，将数字摄影、三维信息获取、AI 和 VR 等数字化技术越来越多地引入到文化遗产保护和传承中。在数字经济蓬勃发展的当下，如何在学理及应用层面理解数字技术、文化遗产保护及文旅产业高质量发展之间的内在逻辑关系呢？中华文化博大精深，文化遗产资源灿若星辰，其蕴含的精神内涵如何通过"新质生产力"体现中国式现代化发展价值呢？中国建设具有强大感召力和影响力的文化软实力，这是"文化数字化"实践应用的关键。因此，在中国式现代化语境下，科学与文化在数字时代的结合，无疑是一个重要的研究课题。研究文化遗产资源的数字化保护与应用路径，把文化遗产保护好、利用好，激活优秀传统文化基因，具有重要的意义。

第二节　研究重点

一、数字人文的研究重点：数字主体还是人文归宿？

数字技术与文化遗产研究之间的互动关系是当代学术界和技术应用领域的重要议题，同时催生了一个重要的词汇，即数字人文。得益于数字技术在人文学科领域的广泛应用，数字人文应运而生，掀起了人文领域的"数字转向"。清华大学任剑涛教授发表题为《数字人文：数字主体的或是人文归宿的？》的文章，讨论了数字人文领域的关键议题：当所有科学研究资料数字化以后，便利性肯定是大大增强了，但研究主体会不会被隐没呢？进而，当人文研究广泛采用计算机和数据科学手段时，人会不会被数字所遮蔽呢？换言之，数字人文会不会让其陷入以数字为主体的泥淖，从而作别人文的价值取向。[①]

实际上，从印刷媒介时代到电子媒介时代，从电子媒介时代再到数字媒介时代，文化也因媒介的不同而具有不同的存在形态、生产方式与传播路径，同时这是一个跨越不同技术时代的价值共性。因此，数字人文的实质结构是数字的，但本质仍然是人文的，这就要求传统人文学科与数字技术应紧密相连。当前，数字人文往往被定义为历史文献的数字化，而数字时代的起点，虽然是以算法占据重要位置为标志的，但是数字人文之所以区别于传统的人文研究，主要是因为有了更多的学科交叉和更多的数字技术的引入，越来越多的数字人文研究项目兴起发展，信息资源管理、历史、考古、文学、文化遗产、艺术等众多学科的研究者踏入数字人文浪潮，站在新的时代方位上审视数

---

① 任剑涛：《数字人文：数字主体的或是人文归宿的？》，《广州大学学报（社会科学报）》，2024年第 2 期。

字技术与传统人文学科之间可能产生的联姻。①

因此，先进的数字技术的应用实质应该为传统人文学科研究乃至文化遗产保护提供新的基础支撑。数字化工具、大数据处理工具、VR、AI 等技术的不断发展，使得人们能够更加有效处理和分析文本、图像等多元异构的文化信息。计算能力和存储空间的提升，开放数据和开放源代码的推动使得人们可以开展更复杂、更深入的人文研究。这些技术手段丰富了人文学科研究的数据来源，使得人文研究有了新的解决路径，由此形成了跨学科、跨专业、跨技术、跨媒介甚至跨问题意识的探索路径。② 当技术的波澜泛及人文，更催生出人文学科向外延伸的新触角。

综上所述，本书研究重点聚焦于多种类型的文化遗产形态，关注数字技术能够为不同类型文化遗产资源（包括历史文献资源）提供的新方法、工具和平台，进而探索数字与文化遗产交融碰撞的新路径。

二、文化遗产数字化的研究重点：从数字保护到传播应用

数字技术日新月异的动态更迭深刻影响着文化遗产保护的视域拓展和边界延伸。借助大数据和 AI 等新兴数字技术活化文化遗产，进而实现中华优秀传统文化创造性转化与创新性发展，已经成为文化遗产保护与传承的关键路径和数字化赓续的现实需求。

文化遗产数字化既是文化遗产领域向未来延伸的重要方向，也是数字人文研究的重要分支。③ 谈国新、钟正在《民族文化资源数字化与

---

① 冯惠玲：《中国数字人文发展报告第一辑》，北京：中华书局，2024 年第 4 页。
② 冯惠玲：《中国数字人文发展报告第一辑》，北京：中华书局，2024 年第 4 页。
③ 大卫·M. 贝里、安德斯·费格约德：《数字人文：数字时代的知识与批判》，王晓光等译，沈阳：东北财经大学出版社，2019 年第 67 页。

产业化开发》一书中指出，文化遗产数字化是通过不断发展的数字技术手段，对可移动文物与不可移动文物进行保护、复原与展示的过程。这一过程旨在对文化遗产内容进行系统梳理与归纳，客观、真实、全面地记录与保存其基本信息与核心价值，从而实现科学、有序的数据管理，并赋予文化遗产持续重现的虚拟能力。[①] 联合国教科文组织在《保存数字遗产宪章》中首先明确了"数字遗产"的定义，数字文化遗产可以理解为以数字形式生成的或从现有的模拟资源转换成数字形式的物质文化，以及非物质文化的各类资源与信息。显而易见，数字文化遗产资源具有实时保存、可复用的功能，在本质上不仅是文化遗产与数字技术的融合，也是保护好文化遗产的最好选项之一。程结晶等人亦提到，在文化遗产数字化保护、传承、研究与利用的过程中同样也积累了海量的数字资源，形成了数字文化遗产资源，包括文化遗产本身及其相关数字活动中所形成的各种媒介和形式载体的资源集合，以数字化的文字、图像、音频为主要呈现方式。[②]

数字技术的兴起，不仅使静态的实体化文化遗产得以完整记录与保存，还为动态的非物质文化遗产提供了更高效的记录手段。它突破了传统文化遗产保护方式的局限：一方面，为现有文化遗产的记录、保护、展示与传播提供了多样化的技术选择，例如通过数字化复制与备份，便于文物资源的学习与研究；另一方面，数字化技术为已损毁或消逝的文化遗产提供了再现与修复的可能性，为解决文化遗产保护中的诸多难题开辟了新途径，推动了文化遗产的再生与应用。值得注意的是，相较于传统的保护方式，数字化保护摆脱了地理与物理的限制，实现了从实物导向到信息导向的转变，使文化遗产保护朝着超越

---

① 谈国新、钟正：《民族文化资源数字化与产业化开发》，王晓光等译，武汉：华中师范大学出版社，2012 年第 10-12 页。

② 程结晶、王璞钰、王心雨：《数字文化遗产资源语义服务的发展路径——以映射手稿迁移项目为例》，《图书馆论坛》，2023 年第 9 期。

时间、拓展空间和深化信息的方向发展，为文化遗产的传承与利用注入了新的活力。

此外，田野、王晓彤、谯娇、周洋等人撰写的《文化遗产数字化：既要存档，更要活化》一文更是指出文化遗产数字化研究应强调记录与传播并重的研究路径。目前，我国有关机构加大文化遗产数字化抢救与记录力度，不间断地做着基础性的数据调查与数字化工作，包括大量信息的采集、文档的扫描、老照片的翻拍、音视频的转录等。但这些数据资源大多处于内部保管状态，由于知识产权等诸多顾虑，因此没能在互联网上进行传播。然而，要让文化遗产的保护与利用取得更好的成果，只靠存档是远远不够的，要盘活非遗的文化价值，使其产生正向的传播效果，这就要求在对文化遗产进行数字化存档的同时，还要以数字化思维来传播和利用遗产文化价值。综上所述，本书研究重点应避免仅仅从照片、录像等形式记录文化遗产，更应关注如何建设数据库、搭建多媒体传播平台、利用数字交互技术等来保存、展示和传播我们的传统文化，探讨文化遗产资源如何真正"活"在数字化时代，进而实现中华优秀传统文化创造性转化与创新性发展。

三、重中之重：数字技术传承与弘扬中华优秀传统文化

在当代文化发展战略格局中，数字化技术已成为传承与弘扬中华优秀传统文化的重要引擎。近年来，《关于推进实施国家文化数字化战略的意见》与《数字中国建设整体布局规划》等政策文件的相继出台，标志着我国文化数字化建设已上升为国家战略层面。这些政策最鲜明的特征在于将中华优秀传统文化的传承发展置于核心位置，通过制度性安排构建起文化传承的创新体系。这种政策导向与数字人文研究的人文关怀高度契合，二者共同指向一个根本目标：在数字时代焕发中华文化的生机与活力，筑牢民族文化自信的根基。

深入分析这些政策文本，我们可以清晰地看到国家层面对传统文化数字化的战略部署。《关于实施中华优秀传统文化传承发展工程的意见》明确提出，到 2025 年要基本形成中华优秀传统文化传承发展体系，这一目标体现了国家对文化传承的系统性规划。从研究阐发到教育普及，从保护传承到创新发展，再到传播交流，五个维度的协同推进构成了完整的文化传承链条。特别值得注意的是，该意见强调要制定文化产业促进法、公共图书馆法等相关法律，这种制度性安排为文化数字化提供了坚实的法治保障。《中华人民共和国公共文化服务保障法》则从公共文化服务角度，明确要求促进优秀传统文化传承活动的开展，为基层文化数字化实践提供了法律依据。

在实践层面，全国各地积极响应国家号召，出台了一系列具有地方特色的文化保护条例。从文化遗产保护到红色资源传承，从民间艺术抢救到古籍数字化，这些政策文本虽然侧重不同，但都将弘扬中华优秀传统文化作为核心要义。以古籍数字化为例，这项工程不仅是对珍贵文献的抢救性保护，更是构建中国特色信息资源管理体系的基石。通过数字化技术，那些沉睡在图书馆、博物馆中的文化瑰宝得以"活起来"，为学术研究和社会教育提供了丰富的资源支持。

数字人文研究在传统文化传承中扮演着独特而重要的角色。与传统的文化保护方式相比，数字人文带来了三个方面的革新：首先，它突破了时空限制，使文化资源得以永久保存和广泛传播；其次，它提供了全新的研究范式，通过文本挖掘、时空分析等技术手段，揭示传统文化中蕴藏的深层规律；最后，它创造了多样化的传播形式，让传统文化以更生动、更贴近当代人接受习惯的方式呈现。这些创新使得中华文化的传承不再是简单的保存，而是充满活力的创造性转化。

从更宏观的视角来看，实施中华优秀传统文化传承发展工程具有多重战略意义。在文化层面，这是延续中华文脉的根本保障；在社会层面，这是提升全民文化素养的有效途径；在国家层面，这是维护文化安全、增强文化软实力的重要举措。特别是在全球化深入发展的今天，数字化技术为我们提供了讲好中国故事、传播中国声音的新渠道，使中华文化在国际舞台上展现出独特魅力。

当前，数字技术在文化传承领域的应用已取得显著成效。以故宫博物院（以下简称故宫）为例，通过数字化技术，不仅实现了文物资源的永久保存，更开发出数字展览、VR 体验等新型文化产品，让传统文化以更生动的形式走进大众生活。类似案例在全国各地不断涌现，形成了传统文化创新发展的良好态势。站在新的历史方位，我们必须深刻认识到：文化遗产数字化保护与传播应用研究的核心价值，就在于为中华优秀传统文化的传承发展提供技术支撑和创新路径。这不仅是文化领域的重要任务，更是关乎民族复兴的战略工程。

第二章

数字人文的理论脉络与方法体系

第一节　数字人文学术史回顾

数字人文概念源于人文计算（humanities computing），是在计算机技术、网络技术、多媒体技术等新兴数字技术支撑下开展人文研究而形成的跨学科研究领域。[①] 大卫·M. 贝里（David M. Berry）等学者指出，数字人文研究的第一波浪潮可追溯至 20 世纪 40 年代至 21 世纪初的人文计算阶段，这一阶段的研究重心主要集中于数据库构建与计算工具开发。从历史发展的维度来看，学术界普遍将 1949 年意大利神父罗伯特·布萨（Roberto Busa）与 IBM 公司合作，运用计算机技术编制电子索引这一开创性实践，视为数字人文研究的起点。这一标志性事件不仅开启了计算机技术在人文领域的应用先河，更预示着一种全新的研究范式——将计算机作为强有力的工具来解决传统人文学科中的复杂问题。随着 1966 年《计算机与人文科学》（*Computers and the Humanities*）期刊的创刊，数字人文研究经由人文计算的积淀与发展，逐步确立为一个融合计算科学与文化研究的跨学科领域，其研究范畴也从最初的文本分析拓展至多种文化产品的数字化处理与计算分析。

在中国数字人文发展的历史进程中，2009 年是一个具有里程碑意义的年份。武汉大学信息管理学院王晓光教授发表的《"数字人文"的产生、发展与前沿》[②] 一文，成为中国学术界较早系统论述数字人文且

---

① 刘炜、叶鹰：《数字人文的技术体系与理论结构探讨》，《中国图书馆学报》，2017 年第 5 期。
② 王晓光：《"数字人文"的产生、发展与前沿》，2009 年教育部人文社会科学研究方法创新论坛论文，2009 年 11 月。

被广泛认可的专题论文。这一标志性成果的发表，正式将数字人文这一舶来概念引入中国学术话语体系，开启了中国数字人文研究的序幕。此后十余年间，数字人文逐渐发展成为学术界的热点议题，尤其是来自多个学科的探索性研究开始出现。陈刚教授指出，历史地理信息化作为一个新兴的交叉研究领域，其发展具有重要的学科意义。地理信息系统（GIS）技术的引入为数字人文领域的"空间转向"提供了方法论支撑，推动了以 GIS 技术为依托的"空间综合人文社会科学"研究范式的形成。何捷教授进一步阐释，"空间人文"虽可被视作数字人文在空间维度上的延伸，但其内涵远不止于此。它不仅体现了数字人文方法在空间问题研究中的应用，更承载着社会科学发展的历史语境，在史学、地理学等多个学科中形成了独特的发展脉络。

在实践层面，2014 年上海图书馆在图书馆前沿技术论坛（IT4L）会议上提出的基于语义技术的数字图书馆转型项目取得了显著成果。2016 年，上海图书馆推出的"中国家谱知识服务平台"和敦煌研究院上线的"数字敦煌"项目，标志着数字人文研究已深度渗透至图书馆学和文化遗产保护领域，其中"数字敦煌"项目更成为具有广泛影响力的标杆性案例。此外，随着数字人文研究的蓬勃发展，专业研究机构的建立如雨后春笋般涌现，学科体系化建设与人才培养需求日益凸显。在这一背景下，2020 年中国人民大学率先建立了全国首个数字人文硕士专业，并于 2022 年进一步设立数字人文博士点，标志着我国数字人文高层次人才培养体系的初步建立。2023 年，内蒙古师范大学开创性地设立了全国首个数字人文本科专业，实现了数字人文人才培养体系的纵向贯通。这一系列里程碑式的发展，彰显出数字人文已从新兴研究领域成长为具有完整人才培养体系的学科方向。值得注意的是，数字人文的蓬勃发展既得益于数字技术的革新驱动，也离不开国家政策的战略支持，两者共同成为推动这一学科繁荣发展的双轮引擎。

因此，自 2014 年以来，中国数字人文研究进入快速发展期，呈现出以下特征：首先，学术产出显著增长，相关主题论文数量持续攀升；其次，研究项目呈现多元化发展态势，覆盖领域不断拓展；最后，研究队伍日益壮大，历史学、考古学、文学、语言学、文化遗产保护等学科的研究者积极参与其中。这些研究者从数字时代的全新视角，深入探讨数字技术与人文研究的互动关系及其社会影响。通过运用数字方法和工具，学者们不仅对传统人文学科的研究课题进行了创新性重审，更在这一过程中开拓了新的研究视角，催生了具有革新意义的研究范式，有力推动了中国人文研究的数字化转型与创新发展。

第二节　关于数字人文方法论的梳理

一、数字人文方法论体系

数字人文方法论通过系统化的数据管理技术，构建了一套创新性的人文学科研究范式。该方法论体系以数据分析技术为核心，用文本分析、文本挖掘、时空分析、社会网络图谱分析等多维技术手段，实现了人文数字资源的深度数据化整合与知识重构。这种整合不仅建立了新型的知识单元组织体系与关联网络，更能有效揭示事物间的潜在规律与内在逻辑，从而深入挖掘大规模人文数字对象所蕴含的叙事结构与文化内涵。通过系统性分析，数字人文方法能够清晰展现研究对象的历史演进脉络、文化思想流变与人文精神特质，实现对文本集合整体特征的宏观把握与内在结构的微观解析。例如，文本分析是一种通过分析文本数据来提取、处理和挖掘文本信息的技术和方法。在数字人文研究视域下，文本分析方法已深度应用于历史文献考据、文学作品解析、口述传统研究等多个领域，为研究者提供了全新的研究视角与方法支撑。该方法不仅能够辅助研究者深入解读文本的主题内涵与意义建构，更能有效揭示文本知识体系的组织逻辑与结构特征，从而推动人文研究向纵深发展。在具体实践中，文本分析方法已形成多元化的技术路径，包括基于计量统计的词频分析、侧重情感倾向的情感分析、揭示语义关联的语义网络分析以及注重上下文关系的语境分析等方法，这些方法相互补充、协同创新，共同构建起数字人文文本研究的完整方法论体系。再如，社会网络图谱分析方法是一种利用数学和图论等工具，对人文现象进行定量分析的方法，可以用于研究各种人文问题，如社会关系、组织结构、文化交流等，帮助研究者更好地理解和分析人文现象。

此外，数字人文方法创新性地运用可视化技术，将复杂的学术数据进行多维度呈现与可视化重构，通过直观的视觉表达方式降低数据理解门槛，提升学术研究的可解释性与传播效率。在历史研究领域，可视化技术能够将多维度的历史要素——包括历史事件时空分布、人物关系网络、历史进程演变等——转化为动态可交互的视觉叙事，为研究者提供全景式的历史认知框架，深化对历史脉络与因果关系的理解。在 GIS 研究方面，通过将地理空间数据转化为多层次专题地图、时空热力图、三维地形模型等可视化形式，研究者能够更精准地把握人地关系的空间分异特征，深入解析地理环境与人类社会文化演变的交互机制，为文化地理学研究提供新的方法论支撑。数字可视化技术也常直接应用于文化遗产保护领域，通过数据可视化可以将文化遗产的信息和结构以清晰的方式呈现出来。以"欧洲时光机"项目为例，该项目利用先进的计算机通信和 AI 技术，将欧洲数以万计的文化档案、文献、绘图、古籍、建筑等文化遗产进行系统的数字化处理，构建了一个以历史大数据为核心的分布式数字信息系统。通过对这些数据的深度挖掘与分析，该项目不仅揭示了欧洲丰富的历史文化脉络，还为公众和研究者提供了全新的探索视角。可以说，可视化分析在人文研究领域具有重要的实践意义，是支撑数字人文方法的核心技术之一，为人文学科的创新研究提供了强有力的工具支持。

二、数字人文方法论的交互共享性

如上文所述，数字人文不仅拓展了传统人文学科的研究边界，还通过将数字技术融入人文研究，实现了人文主义与计算机技术的深度融合。这种跨学科的方法论具有显著的交互共享性，打破了学科之间的壁垒，将不同领域的知识和理论有机整合，从而形成了一种全新的研究视角与方法。这种跨学科研究模式要求研究者与技术人员紧密协作，或通过不同机构与团体之间的合作，实现资源共享与知识交流，进而推动数字人文研究的深入发展。

以 CBDB 项目及上海图书馆的"中国家谱知识服务平台"为例，数字人文方法以终端用户为中心，改变了传统人文研究的封闭性与单一性，转而强调社交性与交互性。这种转变不仅预示了知识生产向"去中心化"方向发展的趋势，还使更多人能够参与到知识生产与传播的过程中，从而促进了知识的共享与创新。更进一步来说，数字人文方法以数据为核心，通过对海量数据的分析与处理，挖掘出隐藏在数据中的规律与趋势。这种数据驱动的研究方式不仅实现了跨学科的数据共享与整合，还推动了各领域之间的知识交流与合作。

在数字人文领域，"帐篷"和"伞"是两个形象化的概念，用于描述该领域的包容性与多样性。"帐篷"象征着数字人文作为一个开放的学术空间，能够容纳来自不同学科的研究者，如历史学、文学、计算机科学等，共同在"帐篷"下协作与交流。它强调跨学科合作与资源共享，鼓励多样化的研究方法与视角。"伞"则代表数字人文的广泛覆盖性，像一把大伞一样，为各种研究主题、技术工具和理论框架提供保护与支持。这两个概念共同体现了数字人文的核心理念：通过包容性与协作性，推动人文研究与技术创新的深度融合，促进知识的共享与创新。这种包容性不仅为不同学科的研究者提供了合作的空间，还为数字人文的持续发展注入活力。可以说，数字人文不仅是一种研究方法，更是一种推动知识生产与传播模式变革的重要力量。

三、数字人文数据库建设

数字人文研究的另一种重要产出形式是以数据服务和知识服务为目标的数字人文数据库平台建设。这类平台集成了多种数据库，并融合了检索查阅、数据可视化、量化计算、时空分析、社会网络分析等多种功能和工具，既可以是专题性的，也可以是综合性的。与数字图书馆以"元数据管理"为核心的理念不同，数字人文研究更注重知识的深度解析与超越数据维度的价值挖掘。知识库作为数据库功能性的演化，通过整合客观知识与主观知识，特别是构建海量历史的量化知识库，支持长时段、大样本的研究分析。

以中国人民大学清史研究所推动建立的"数字清史实验室"为例，清史是中国史领域最具数字人文应用前景的断代之一，研究资料的庞大为数据库的建设与应用提供了良好契机，粮价、职官、雨雪分寸、科举等史料又具有系统性，有助于核心数据集的开发。中国人民大学清史研究所较早意识到数字人文时代的来临及其给史学研究带来的挑战，早在 2016 年 5 月就由《清史研究》编辑部组织召开了"数字人文与清史研究"工作坊，这是国内围绕数字史学召开的最早的学术会议之一。

"数字清史实验室"成立于 2018 年 1 月 14 日，它是清史研究所立足于传统学术优势与未来学科发展所做的战略性规划，既是数字人文时代的新要求，也是推动跨学科融合，以问题为导向，解决宏观问题的学科发展新动向的必然需要。在数据库建设方面，该研究所与香港科技大学人文与社会科学学院李中清–康文林研究团队合作研究《中国历史官员量化数据库——清代》（原为《清代缙绅录量化数据库》）。该数据库由香港科技大学人文与社会科学学院李中清–康文林研究团队录入建设，数十位师生参与，项目从 2014 年底开展至今，数据库日渐成熟。这一记录官员职衔、籍贯、任职等信息的重要历史文献，具有很高的史料价值。该数据库通过数据采集、整理、标注和结构化处理，利用 OCR 技术提取文本信息，并结合数据清洗与关联分析，构建了官员任职、升迁、地域分布等多维度关系网络。此外，通过 GIS，数据库还能可视化展示官员的时空分布与流动规律。这一数据库紧紧围绕人物、官职、地理等知识单元进行库表设计与知识录入，不仅为学者提供了高效的研究工具，还推动了清代政治史、社会史等领域向数据驱动方向发展，具有重要的学术意义。

在数字人文数据库建设中，知识库中的知识及其关系可以进一步投射到同一平面上，形成一种包含实体的网络结构，即知识图谱。典型案例如北京大学数字人文研究中心王军教授团队开发的"《宋元学案》知识图谱可视化系统"。该系统通过对学案人物、时间、地点、著作及其语义关系进行多粒度抽取与可视化展现，实现了对宋元两代理学 2 000 余人、近 100 个学术流派传承的图景再现与语义挖掘，为数字人文研究提供了新的范式与方法。

第三章

数字人文视野下文化遗产数据资源的建设路径研究

第一节　文化遗产数字化保护与传播应用研究现状

一、国内外文化遗产数字化研究的发展脉络与趋势分析

近年来，随着数字技术的飞速发展，文化遗产数字化研究已成为全球学术界的重要议题。通过对中国知网（CNKI）数据库中 CSSCI 和北大核心期刊的文献分析，以文化遗产数字化为关键词进行检索，可以清晰地观察到该领域研究的快速增长态势。数据显示，2021 年相关发文量为 56 篇，2022 年激增至 118 篇，2023 年达到 208 篇，而 2024 年更是突破 300 篇大关。这一增长趋势充分表明，文化遗产数字化研究正迎来前所未有的发展机遇，成为跨学科研究的热点领域。从研究主题的演进来看，博物馆遗产资源数字化的学术研究呈现出明显的阶段性特征。2009—2013 年，学界主要聚焦于"文化资源数据化问题"，这一阶段的研究重点在于如何将实体文化遗产转化为数字信息，解决基础性的数据采集和存储问题。2014—2018 年，随着数据库技术的成熟，研究重心转向在数据库基础上构建系统网络，探索如何实现文化遗产资源的系统化管理和共享。而 2018—2023 年则迎来了研究范式的重大转变，学者们开始重点关注文化文博的数字化传播和智能化应用，这一阶段的显著特点是数字技术从工具性应用向价值性传播的转变。

这种研究主题的三级跨越揭示了一个重要的发展规律：文化遗产数字化应用正经历着从基础信息采集存储，到信息传播，再到文化传播与知识传承的演进过程。这一转变不仅反映了技术应用的深化，更

体现了数字化对文化遗产价值挖掘和传承方式的革命性影响。值得注意的是，当前的研究趋势还呈现出明显的跨界融合特征，数字技术正在促进传统文化与旅游、教育、创意产业等多个领域的深度融合，这种"文化+科技"的创新发展模式已成为时代发展的主流方向。

从国际视野来看，文化遗产数字化研究同样呈现出蓬勃发展的态势。联合国教科文组织在《数字时代文化遗产保护战略》中特别强调，数字化技术为濒危文化遗产的保护提供了新的解决方案。欧美发达国家在 3D 建模、VR 等技术的应用上处于领先地位，而亚洲国家则在数字化展示和互动体验方面具有独特优势。这种全球性的研究热潮，既反映了各国对文化遗产保护的高度重视，也体现了数字技术在文化传承中的巨大潜力。

展望未来，文化遗产数字化研究呈现出以下发展趋势：首先，AI、大数据等新兴技术的深度应用将进一步提升文化遗产数字化的精度和效率；其次，元宇宙等新型数字空间将为文化遗产的沉浸式体验提供更多可能；最后，跨学科、跨国界的合作研究将成为推动该领域发展的重要动力。可以预见，在数字技术的持续赋能下，文化遗产的保护与传承将迎来更广阔的发展前景，为人类文明的延续和创新注入新的活力。

二、文化遗产数字化保护与传播应用的四个主题

在数字化转型浪潮中，文化遗产保护与传播研究已形成系统化的理论框架和实践路径。通过对近五年国内外核心文献的梳理，我们发现当前研究主要围绕四个主题展开：数字化采集与存储、数字化修复与保护、数字化活化与传承、数字化传播与消费。这四个主题既相互独立，又紧密关联，共同构成了文化遗产数字化研究的完整体系。从技术维度来看，这一体系呈现出从基础数据采集到智能应用开发的递

进关系；从价值维度来看，则体现了从实体保护到文化传播的价值
延伸。

首先，数字化采集与存储是构建文化遗产的数字基石。作为数字
化保护的基础环节，文化遗产的数字化采集与存储研究已形成较为成
熟的技术体系。该领域研究成果主要集中在文物文博领域，其中故宫、
敦煌莫高窟、秦始皇兵马俑博物馆等具有代表性的文化遗产机构成为
重点研究对象。在技术应用层面，研究主要关注以下创新：一是高精
度采集技术，包括图像识别、高分辨率扫描、超分辨率成像、三维激
光扫描等技术在文物数字化中的应用。这些技术不仅能够完整记录文
物的形态特征，还能对细微的纹样图案进行精准捕捉。二是数据管理
系统，在基础数据采集的基础上，研究者积极探索 AI、计算机图形学、
OCR 识别、传感器等技术的综合应用，开发智能化的文化遗产数字资
源库。例如，敦煌研究院建立的"数字敦煌"项目，通过关联语义技
术和 3D 建模，实现了洞窟文物的虚拟重建和交互展示。三是专题数据
库建设，学界特别强调对文物纹样、色彩等专项特征的数字化建档。
例如，故宫开展的"故宫纹样"数字化项目，系统采集了 10 万余件文
物上的传统纹饰，为文化创意产业提供了丰富的设计素材。值得注意
的是，随着技术的进步，采集工作正从单一形态记录向多模态数据融
合方向发展。最新的研究开始探索将 X 射线荧光光谱、红外成像等科
技考古手段与数字化采集相结合，以获取更全面的文物信息。

其次，在数字化修复与保护领域，文化遗产的数字化修复与保护
是当前学术界最活跃的研究领域之一。国内外学者普遍认为，科技创
新正在重塑传统的文物保护范式。这一主题的研究主要聚焦于以下几
个方向：一是智能监测系统，通过数字孪生、物联网、传感器网络等
技术，构建文化遗产的实时监测体系。例如，布达拉宫采用的微环境
监测系统，能够对建筑结构的细微变化进行预警。二是数字化修复技

术，生成式 AI、3D 打印等技术在文物修复中的应用取得突破性进展。欧盟"时光机"项目利用 AI 成功重建了威尼斯历史建筑的色彩原貌；中国的"数字长城"项目则通过激光扫描和 3D 建模，精确还原了长城的原始形态。三是风险评估与管理，文献知识图谱、大数据分析等技术被用于文化遗产的风险评估。联合国教科文组织开发的 Heritage Risk Map 系统，可以预测气候变化对文化遗产的潜在影响。特别值得关注的是，2023 年欧盟发布的《人工智能在文化遗产与博物馆场景中的复杂挑战和新机遇》报告详细介绍了 AI 在巴黎圣母院火灾后重建中的应用案例，包括利用无人机测绘生成三维模型，以及通过机器学习算法分析历史资料完成建筑细节的虚拟复原。这些实践为文化遗产的数字化保护提供了宝贵经验。

再次，在数字化活化与传承领域，研究重点已从单纯的技术应用转向用户体验和价值创造。这一转变主要体现在以下三个方面：一是沉浸式技术应用，VR、增强现实（AR）、混合现实（MR）等技术被广泛应用于博物馆展示和非遗传承。故宫开发的"数字文物库"项目，通过 AR 让观众可以"触摸"珍贵文物；敦煌研究院的"飞天"VR 体验，则可以让游客身临其境感受壁画艺术。二是交互式体验设计，动作捕捉、体感交互等技术为非遗技艺的传承开辟了新途径。例如，苏州刺绣研究所开发的数字刺绣系统，通过动作捕捉记录刺绣大师的手法，再通过体感设备指导学习者。三是 AIGC 创新应用，生成式 AI 正在改变文化内容的生产方式。清华大学与故宫合作的项目利用 AI 生成了大量基于文物纹样的创新设计，形成了"传统技艺+现代设计"的新型创作模式。这些创新实践不仅拓展了文化遗产的展示方式，更重要的是，建立了公众参与文化传承的新机制。通过数字化手段，文化遗产正从静态展示走向动态互动，从专家领域走向大众参与。

最后，在数字化传播与消费领域，研究呈现出明显的跨学科特征，主要关注以下创新方向：一是新型传播形态，网络游戏、短视频等数字媒介成为文化传播的重要载体。例如，《王者荣耀》与敦煌研究院合作的"飞天"皮肤，通过游戏实现了传统文化的年轻化传播。二是智能传播系统，基于大数据的用户画像和精准推送技术，极大地提升了文化传播的效能。故宫通过分析游客行为数据，优化了线上展览的推送策略。三是数字文化经济，区块链技术在文化资产认证、版权保护等方面的应用日益广泛。中国国家博物馆推出的数字藏品平台，利用区块链技术确保数字文创产品的唯一性和可追溯性。

第二节　构建文化遗产的数字人文方法与路径

一、范式转变：从纸质文本、电子数据到数字记忆、数字重建

遗产信息记录作为保护与利用工作的基础性环节，其重要性在于为差异化显著的各类遗产提供精准的保存依据。翔实系统的信息记录不仅是维护遗产文脉完整性的必要条件，更是实现其当代价值转化的重要基石。[①] 数字人文的介入并非简单提供文化问题的解决方案，其核心价值在于构建完整的研究谱系，推动遗产信息在全球人文学术领域的知识流动与价值共享。[②] 这一转型过程催生了文化信息记录与管理在方法论和认知层面的双重革新，为遗产资源的可持续传承注入了新的活力。在技术演进的历史维度上，文化遗产记录经历了显著的范式转

[①] 魏闽：《历史建筑保护和修复的全过程：从柏林到上海》，南京：东南大学出版社，2011年，第255页。

[②] 梅丽莎·特拉斯、朱莉安·奈恩、爱德华·凡浩特等：《数字人文导读》，陈静、王晓光、王涛等译，南京：南京大学出版社，2022年，第350页。

换。早期实践主要依托传统测绘技术与纸质文档系统。1931 年,《雅典宪章》首次系统性地提出遗产保护过程记录的重要性,奠定了现代保护理论的基础。1964 年,《威尼斯宪章》进一步规范了记录标准,要求保护工程必须配套图纸、照片及分析报告,并建立完整的档案管理系统。1975 年,《欧洲建筑遗产宪章》则深化了这一理念,明确指出系统的记录文档能为遗产的创新发展提供历史参照。这些国际宪章共同构建了遗产记录的理论框架,推动了全球保护实践的标准统一。

随着数字技术的革命性发展,20 世纪末期见证了记录方式的根本性转变。[①] 1992 年,联合国教科文组织发起的"世界的记忆"项目,标志着全球范围内文化遗产数字化保存时代的来临,其核心目标是建立开放共享的数字遗产生态系统。进入 21 世纪,记录技术呈现出三个显著特征:微观尺度的精细化建模、多维度的可视化呈现以及交互式的公众参与。这种转型不仅实现了遗产信息的全息记录,更通过数字孪生技术构建了虚实融合的文化认知空间。2015 年,联合国教科文组织在《关于保存和获取包括数字遗产在内的文献遗产的建议书》中特别强调,数字文献遗产已成为理解人类文明演进的重要媒介,在促进社会可持续发展和文化多样性保护方面具有战略意义。

中国在文化遗产数字化领域展现出独特的理论创新与实践智慧。2023 年 6 月,习近平总书记在北京文化传承发展座谈会上指出,中华文明具有突出的连续性、创新性、统一性、包容性、和平性。2022 年《关于推进实施国家文化数字化战略的意见》的颁布,标志着我国文化遗产数字化建设进入系统推进阶段。在这一战略框架下,"数字记忆"与"数字重建"两大工程共同构成了文化遗产数字化的双轮驱动模式。"数字记忆"工程聚焦文化记忆的数字化转译,通过系统化保存文化遗

---

① 蒋楠,张菁:《数字人文视角下文化遗产信息的演进、呈现与管理》,《同济大学学报(社会科学版)》,2023 年第 6 期。

产本体及其所在时空的人文元素，构建起多维度的文化记忆资源网络。冯惠玲教授提出的"数字宫殿"理论，深刻阐释了数字记忆资源互补、媒体联通、迭代生长的开放特征。[①] "数字重建"则专注于建筑或其他空间类遗产的数字再生，通过物理载体获取、知识单元提取和 3D 模型建构，实现对历史空间的视觉重现与内涵重构。朱莉安·斯蒂勒（Juliane Stiller）等学者提出的三重架构——视觉表示、历史背景挖掘和过程呈现[②]，为数字重建提供了系统的理论框架。这一过程既需要 3D 计算机建模软件的支撑，更需要海量历史数据的积累与开放共享。

在这场从纸质文本到数字重构的范式转变中，文化遗产保护正在经历从被动保存到主动建构、从物理修复到数字再生的深刻变革。"数字记忆"与"数字重建"虽然路径各异，但都指向同一个目标：在数字时代重新激活文化遗产的生命力，使其成为连接过去与未来的文化纽带。这种范式转型不仅改变了我们记录历史的方式，更重塑了人类与文化遗产的对话方式，为文化传承开辟了前所未有的可能性空间。

二、路径建构：文化遗产数字人文方法的体系化探索与实践创新

当前学界关于文化遗产数字化保护的路径建构研究已形成丰富多元的理论体系与实践成果，这些探索不仅为文化遗产的当代保护提供了技术支持，更开创了文化传承与创新的全新范式。纵观现有的研究成果，我们可以清晰地看到两条相互交织又各具特色的发展脉络：一方面是数字技术与文化遗产保护的深度融合，另一方面是基于数字技术的方法论创新与路径优化。这两个维度的研究共同构成了当代文化遗产数字化保护的理论基础与实践框架。

---

① 冯惠玲：《数字记忆：文化记忆的数字宫殿》，《中国图书馆学报》，2020 年第 3 期。
② 冯惠玲：《中国数字人文发展报告第一辑》，北京：中华书局，2024 年第 382 页。

数字技术在文化遗产保护中的应用已成为学界共识，相关讨论呈现出从技术引进到深度整合的演进轨迹。早期的研究主要聚焦于各类数字技术的引入与应用，如三维激光扫描技术实现了对文化遗产毫米级精度的数字化采集，AI 在破损文物虚拟修复中的应用，数字可视化技术对复杂文化信息的直观呈现，以及 VR 创造的沉浸式文化体验。随着实践的深入，研究者们逐渐意识到，单纯的技术应用难以满足文化遗产保护的复杂需求，必须建立技术与文化深度融合的方法体系。这一认识转变催生了大量关于数字技术适应性改造与文化语境嵌入的研究，使技术工具真正成为文化解读与传播的媒介。值得注意的是，数字技术在文化遗产保护中的应用已从单一的记录功能扩展到包含保存、研究、展示、传播等全链条的保护利用体系，形成了技术赋能文化传承的完整生态。

在方法论创新层面，研究者们致力于构建系统化的文化遗产数字化保护模式，对数字资源的全生命周期管理进行深入探索。这一领域的成果主要体现在三个维度：首先，数字资源采集与建设的标准化研究，包括元数据标准、数据格式、质量控制等方面的规范制定；其次，数字资源组织与管理的智能化探索，如基于知识图谱的文化遗产知识组织系统、面向语义网的文化资源关联方法等；最后，数字资源开发利用的创新模式，包括众包模式下的数字资源建设、开放数据环境下的文化资源共享、跨界融合的文化创意开发等。这些研究共同推动着文化遗产数字化保护从零散的技术应用走向系统的方法建构，形成了包含采集、加工、组织、存储、利用等环节的完整工作流程。[1] 特别值得关注的是，数字遗产平台作为集成性解决方案，正在成为连接技术应用与方法创新的重要载体，为文化遗产的数字化保护提供了基础设

---

[1] 赵庆香：《数字统一：国际文化遗产保护的新理念与新话语》，《图书馆建设》，2021 年第 4 期。

施支撑。

为系统把握中国文化遗产数字化发展的整体图景，本书选取"数字记忆"与"数字重建"两个关键视角，对国内各类机构开展的数字化实践进行全面梳理。在图书馆、档案馆、博物馆等文化记忆机构，"数字记忆"工程呈现出蓬勃发展的态势。中国"数字记忆"实践脱胎于 20 世纪 80 年代文化遗产数字化的早期尝试，敦煌研究院当时提出"数字敦煌"的构想，旨在利用计算机技术和数字图像技术，实现敦煌石窟文物的永久保存利用。在 30 年的数字化过程中，"数字敦煌"项目已对敦煌石窟和相关文物进行全面的数字化采集、加工和存储；国家图书馆实施的"中国记忆"项目则通过系统采集口述历史、民间文献等多元载体，构建了立体化的国家记忆资源体系；故宫开展的"数字故宫"工程将建筑、文物、档案等资源进行数字化整合，打造了虚实融合的文化展示空间；中国第一历史档案馆的"清代档案数字化"项目则通过大规模档案数字化，实现了珍贵历史文献的抢救性保护与开放性利用。这些实践不仅积累了丰富的数字资源，更探索出各具特色的工作模式与方法路径。

在数字重建领域，科研机构与高校展现出强大的技术创新能力。清华大学建筑学院开展的"圆明园数字重建"项目，综合运用建筑考古、历史文献和数字技术，实现了这一历史名园的虚拟再现；敦煌研究院的"数字敦煌"工程通过高精度数字化采集与三维建模，构建了完整的敦煌石窟数字档案；浙江大学文化遗产研究院的"良渚古城数字重建"项目，则通过多学科协作揭示了这一史前文明的时空格局。这些实践不仅推动了数字重建技术的创新发展，更形成了考古学、建筑学、计算机科学等多学科交叉的研究范式。

政府部门在文化遗产数字化进程中发挥着关键的引领与协调作用。文化和旅游部实施的"全国文物普查数字化工程"建立了覆盖全国的可移动文物数据库；国家文物局推动的"互联网+中华文明"行动计划促进了文化遗产资源的创新性利用；各地方政府开展的文化数字化项目则呈现出鲜明的地域特色。这些政府主导的工程不仅提供了政策支持与资源保障，更通过标准制定与平台建设推动了全国范围内的协同发展。

高校作为理论研究与人才培养的重要阵地，在文化遗产数字化领域展现出独特的优势。中国人民大学信息资源管理学院构建的数字记忆理论框架，为相关实践提供了系统的理论指导；武汉大学信息管理学院开展的数字人文研究，探索了文化遗产知识组织的创新方法；南京大学艺术学院推动的"非遗数字化"项目，则聚焦于非物质文化遗产的活态传承。这些学术探索不仅丰富了文化遗产数字化的理论内涵，更培养了跨学科的复合型人才。

通过对这些多元实践的梳理，我们可以发现当代中国文化遗产数字化发展呈现出几个显著特征：首先，多主体协同的工作模式，文化机构、科研院所、政府部门和高校形成了优势互补的合作网络；其次，技术与文化的深度融合，数字技术不再是外在工具，而成为文化解读与表达的内在要素；最后，理论创新与实践探索的良性互动，本土经验正在升华为具有普遍意义的方法论。这些特征共同构成了中国文化遗产数字化发展的独特路径，为全球数字文化遗产保护贡献了中国智慧。

展望未来，文化遗产数字化保护需要在三个方向持续深化：一是技术应用的精准化，针对不同类型文化遗产的特点开发适应性技术方案；二是方法体系的规范化，建立覆盖数字资源全生命周期的标准体系；三是理论研究的系统化，构建具有中国特色的数字文化遗产理论框架。只有通过这些方面的协同推进，才能真正实现数字技术与人文精神的有机统一，开创文化遗产保护与传承的新局面。

第四章

文化遗产档案资源的数字化保护
与开发利用研究

第一节　文化遗产档案资源数字化开发利用的必要性

　　数字人文研究体系的兴起对档案学的理念与模式产生了深远影响，为文化遗产档案资源研究开辟了新的发展空间。作为记录和传承人类文明的重要载体，文化遗产档案资源是人类历史文化记忆的珍贵见证，具有不可替代的社会价值。这类资源具有鲜明的不可再生性特征，维护其完整性和可用性关系到遗产价值的永续传承。当前，以大数据、人工智能、区块链等为代表的数字技术快速发展，在数字人文理念的推动下，文化遗产档案资源开发利用正面临前所未有的转型机遇。

　　党的二十大报告指出，要"实施国家文化数字化战略"，但要从哪儿入手呢？文化遗产档案资源的开发利用可以说是重中之重。这些年，宣传文化部门和单位都积攒了不少数据：一是全国性文化普查数据，比如第一次全国可移动文物普查仅照片就 5 000 万张（140 TB）。[①] 二是民间文化机构积累的海量数据库。比如，由钱锺书先生 1984 年发起的"中国古典数字工程"，要求数据库收录 1912 年之前的古籍，并要打破"经史子集"的传统分类，提出建立"四大库"（人名库、地名库、日历库和作品库）以及团队后来开发的五种"附加库"（工具库、图片库、地图库、类书收藏库和书目数据汇编库）。2015 年，新闻出版广电总局启动了"专业数字内容资源知识服务模式试点工作"。在推动出版

---

① 　高书生：《文化数字化：关键词与路线图》，北京：北京联合出版公司，2022 年第 3 页。

业数字化转型升级的过程中，出版单位建设了许多数据库，包括延安时期文献档案数据库、中国地方历史文献数据库、古籍图典资源库等。以上所列的数据仅是冰山一角，但这跟时下热议的大数据有本质区别，它们不是在消费过程中产生的，而仅仅只是生产要素。尤其是各级档案馆作为文化遗产档案资源的主要保管机构，收藏了大量珍贵的历史文化档案资源，包括文书档案、声像档案、实物档案等多种形态，这些资源承载着中华民族的历史记忆和文化基因。但不少文化遗产档案资源还处于"养在深闺人未识"的阶段，各地档案利用率很低，传统的档案资源开发利用模式仍在主导地位。特别是对具有重要历史文化价值的遗产档案，如非物质文化遗产档案、历史建筑档案、传统工艺档案等，其开发利用程度更为有限。一些档案部门提供的档案资源服务仅仅只有现场查阅民生档案，其他方面的档案利用价值挖掘不够深入。而档案从业人员也只做到了收集、整理、保管和保护等基础性工作，对文化遗产档案利用这一中心工作却没有应有的认识，多数珍贵的历史文化档案被束之高阁。此外，造成使用率低的原因还有两点：一是数据没有关联，没有形成资产；二是缺乏体系化，虽然在互联网上搭建了一些平台，但大多没有被利用起来。

综上所述，传统的文化遗产档案资源开发由于技术条件与观念，只关注信息层面的内容，粒度较粗。而随着数字技术的发展，记忆构成发生改变，数据也成为记忆构成的一个载体。[1] 冯惠玲于 2015 年提出数字记忆这一概念，指出数字技术应与档案文献相互结合，应借助数字技术建构大众化的、资源内涵丰富且组织合理的数字记忆。[2] 因此在数字时代，文化遗产档案资源的开发利用有赖于全面规范的本体库与语义关系的重构，其中关键性的内容就是建构"面向语义关联关

---

[1] 闫宏秀：《数字时代的记忆构成》，《自然辩证法研究》，2018 年第 4 期。

[2] 冯惠玲：《数字记忆：数字时代的记忆风景》，天津师范大学会议中心，2019 年 6 月 5 日。

系"。关联关系是资源发现和资源扩展的重要基础。[1] 有机联系性是文化档案信息资源开发的重要依据。尤其是在当前的数字环境，文化遗产档案资源数据的关联性挖掘一定是建立在全数据基础之上的，每份档案数据的价值一定是建立在另一份档案数据的基础之上的。[2] 因此，推动各级各类文化机构开放档案资源，利用数字技术科学解析档案资源，深度挖掘档案资源价值，将凝结文化工作者智慧和知识的关联数据转化为可溯源、可量化的数字资产，延展成数字检索、数据关联、数据重构的价值链，进一步培育历史文化高质量创新发展。

第二节 数字人文视角下文化遗产档案资源开发利用的路径方法

当前，数字人文与文化遗产档案资源相关的应用主要体现在三大领域：一是文化遗产档案资源的系统性整理，二是文化遗产档案资源的深度研究，三是文化遗产档案资源的社会化推广。

首先，在文化遗产档案资源整理方面，数字人文技术的应用展现出显著的广泛性和可行性。文化遗产档案资源整理是对原始文献资料进行系统化加工的过程，其根本目的在于提升文献的可用性和可读性，为当代及后世的研究利用创造条件。在传统纸质文献环境下，文化遗产档案资源整理主要包含实体保存性整理、文本复原性整理、内容组织性整理和语义阐释性整理等范式。而在数字环境下，经过数字化的

---

① 黄永文、岳笑、刘建华：《关联数据应用的体系框架及构建关联数据应用的建议》，《现代图书情报技术》，2011 年第 9 期。
② 牛力、刘慧琳、曾静怡、韩小汀：《数字时代档案资源开发利用的重新审视》，《档案学研究》，2019 年第 5 期。

文化遗产档案数据成为新的知识生产素材，推动着整理范式向数据化、智能化方向转型。

其次，在文化遗产档案资源研究方面，数字人文技术为挖掘档案内容所蕴含的历史、文化、思想等学术价值提供了全新视角。如上小节所述，传统的文化遗产档案资源开发利用主要集中于信息层面的存储，这种单向度的模式已然不能满足数字环境下的新要求。当前研究大多在"信息开发"的基础上，挖掘文化档案信息资源蕴藏的"档案价值"，并通过"档案利用"促进"档案价值"的实现。[1]

最后，在文化遗产档案资源推广方面，数字人文技术为图书馆、档案馆等机构开展公众服务创造了新可能，通过数字化手段激发公众对文化遗产的兴趣，提升其阅读能力和文化素养。基于此，本节将从以下三条路径系统探讨数字人文在文化遗产档案资源开发利用中的实践进展，为新时代文化遗产的保护传承与创新利用提供参考。

一、路径一：文化遗产档案资源整理的数据化再现

数据化再现是数字人文时代文化遗产档案资源数字化实践的基础性工程，其核心在于通过数字化技术实现档案实体从物质形态向数字形态的系统性转化。这一过程包含两个相互衔接的保护维度：原生性保护和再生性保护。原生性保护作为传统档案保护的主要方式，着重通过控制温湿度、光照等保存环境参数，以及采用专业的修复技术对受损档案进行物理性修复，以最大限度地延长档案实体的保存期限。这种保护方式虽然能有效维护档案的物质形态，但在档案内容的传播利用方面存在明显局限。随着数字技术的快速发展，再生性保护逐渐成为文化遗产档案保护的重要补充。再生性保护突破了传统保护的物

---

[1] 胡吉明、常大伟、孙晶琼：《我国档案信息资源研究的主题挖掘与演化分析》，《档案学研究》，2019 年第 2 期。

理限制，通过高精度扫描、三维建模等数字化采集技术，将档案实体转化为数字图像和结构化文本数据。

数字人文环境下的再生性保护呈现出三个显著特征：首先，保护方式的系统性，通过构建档案图像数据库、文本数据库和专门字形数据库，形成完整的数字保护体系；其次，技术应用的综合性，整合了计算机视觉、人工智能、大数据等多种前沿技术；最后，价值实现的多元性，既完整保存了档案的原始信息，又为后续的深度开发奠定了数据基础。值得注意的是，数据化再现并非简单替代传统保护方式，而是与原生性保护形成优势互补，共同构建起文化遗产档案资源的全方位保护体系。

二、路径二：文化遗产档案资源的语义化关联与知识发现

在数据化整理的基础上，数字人文技术进一步推动文化遗产档案资源向知识化方向发展。

一是针对文化遗产档案资源的开发利用，从大量档案文献中自动提取人物、事件、时间、地点等关键要素，识别潜在的知识关联，实现从"信息存储"到"文本挖掘"。文本挖掘技术（test data mining）是基于文本内容的自动处理技术，是数字人文领域的研究热点与核心技术手段。[1] 传统的文化遗产档案资源开发由于技术条件与观念制约，多关注于信息层面的内容，粒度较粗。[2] 全宗级、案卷级的研究粒度让位于档案单件与知识单元。细粒度的档案研究给予了文化遗产档案资源内部诸要素自我呈现的契机。而数字人文视角的最大价值在于数字

---

[1] 李明禄：《英汉云计算·物联网·大数据简明辞典》，上海：上海交通大学出版社，2017 年第135 页。
[2] 牛力、刘慧琳、曾静怡：《数字时代档案资源开发利用的重新审视》，《档案学研究》，2019 年第5 期。

技术可对档案数据中蕴藏的"记忆实体"进行精准的锚定，而传统视角下的历史学、档案学研究中，档案内部各类实体往往扮演着沉默者的角色，"记忆实体"依赖于学者个体长期形成的经验与方法论。因此在一定程度上，通过数字人文方法来阐释档案数据，更多依赖于实现语义关联的文本挖掘技术。

实际情况下，档案资源数据中蕴含的记忆实体并不是单独存在的，而是与同语段、同文本内的其他记忆实体紧密关联，相关系数又因研究视角和维度的变化而略有差异，因此可以利用文本挖掘技术有侧重地对核心概念进行定位与识别，如人物、地点、时间、组织机构、事件等。基于关联规则，不仅可以通过记忆单元的语义关联，实现数字档案资源的关联，还可以通过多个记忆单元与数字档案资源的关系，实现记忆单元之间隐含关系的发现，由点到线，连线成面，提供档案开发的记忆线索与记忆脉络。而关联关系是有大小之分的，称为"度"。一般而言，档案内容数据挖掘得越深入，语义关系揭示得越复杂，关联度越高。经过定位及上下文识别之后的记忆实体，能够形成基于特定上下文场景的档案记忆单元。

二是搭建协同研究平台，支持多学科专家对档案内容进行联合标注、讨论和知识重构，这种语义化开发模式突破了传统档案利用的线性检索方式，实现了档案知识的多维关联与智能发现，进而促进文化遗产档案资源利用从"信息查阅"到"价值发现"。传统的档案价值实现主要通过档案信息资源开发与档案提供服务两大环节完成。数字人文为文化遗产档案数据资源提供重构策略。基于"数据识别—数据组织—数据挖掘与呈现"的档案数据价值挖掘模式，运用数字人文技术，将处于信息孤岛的档案数据组织成语义关联的知识网络，能够推动档案内容信息的知识发现和价值洞察。例如，针对档案文本内容，可运用词频分析、共现分析、聚类分析等文本分析方法，绘制档案信息的词云图、关键词共现矩阵、聚类谱系图等，帮助厘清特定档案中的关键信息、内容要义和语词共现关系。此外，聚焦档案中的"人、地、时、事、物、情感"等记忆要素，运用社会网络分析、地理位置分析、信息可视化分析等，通过对记忆要素的组织与关联，再现记忆场景，阐释记忆内涵和情感取向。以华侨历史文献研究为例，侨乡族谱与海外华人族谱等文献中保存有大量人物、经济、移民、民俗等信息，但这些有价值的信息常常隐藏于浩繁的数据库中。因此，通过对侨乡族谱与海外华人族谱文献中有价值信息的标引，可建立关联索引库，形成华侨家族繁衍迁徙图、华人聚居区演变图、华商发展演示图等，从而构建华侨家族播迁的社会网络与华商形成发展的历史脉络数据库等，进而为海外华人回国寻亲问祖提供线索与帮助。① 再如，国内侨乡散布的各式题捐碑也是一类重要的民间历史文献，其中不少碑文记述了海外华商的商号，而海外华商商号正是研究华侨经济和贸易网络的重要线索。广东省揭阳市蓝城区蓝兜村现存的民国时期《暹京诸善翁喜捐造桥芳名碑》即提到"合兴利""陈悦记""新合顺"等泰国侨商商号。根据上述信息，运用文本挖掘技术及其他数字可视化呈现方法，可绘制某一历史时期、某一地区海外华商的历史图谱，可清晰展现华商在海外的流布和发展情况。同时，结合其他文献内容又可揭示海外华商与侨乡的互动关系，由此进一步拓展研究视角，有助于研究者对华侨经济文化历史进行多维度、多视角的考察与研究呈现。② 因此传统地从馆藏资源出发，大多数情况下仅注重档案的单一价值的做法已无法适应数字时代的新要求，当前的文化档案价值发现已呈现出向多维度、多视角发展的趋势。通过多维度的文本挖掘技术可深入文献资料内部，形成数字人文视角下动态的档案语义知识图谱，在此前凭证价值的基

---

① 王华:《数字人文视野下华侨历史文献建设理论与实践》,《华侨华人文献学刊》, 2023 年第 1 期。
② 王华:《数字人文视野下华侨历史文献建设理论与实践》,《华侨华人文献学刊》, 2023 年第 1 期。

础上，进一步挖掘其存史价值与文化价值，形成明确的档案数据"增值"路径。

三、路径三：文化遗产档案资源的场景化传播与社会化推广

数字人文技术的快速发展为文化遗产档案资源的活化利用开辟了多元化路径，通过创新性的技术手段和传播方式，使沉睡在库房中的文化遗产档案得以"活起来"，实现从静态保存到动态传播的转变。这一转变不仅拓展了档案资源的利用维度，更重塑了公众与历史文化之间的互动关系。在数字人文视角下，文化遗产档案资源的场景化传播与社会化推广主要体现在以下两个关键维度：一是基于时空数据的历史地理分析与可视化传播，如本节前述所提，文本的标注、挖掘和分析是数字人文研究的起点和最重要的方法之一。随着分析方法的多元化，文化遗产档案资源信息的时空属性随着可视化的增强逐渐成为文本语义表达中的热点。尤其是 GIS 技术的普及，GIS 是在对大量地理空间数据进行采集、组织与分析基础上，将文献的属性数据和空间数据结合起来，帮助用户提高信息查询效率的应用软件。GIS 技术运用于文化遗产档案数字化，可以使计算机迅速整合档案的空间数据，呈现独特的地图分析、视觉化与信息分层方式，获得包括时间与空间两重维度的检索结果，提高文献检索的准确性与直观性。比如，历史文本中所记录的人物及其活动的时间、地点信息，可提取位置描述词语赋予空间定位来可视化历史行为。王兆鹏教授曾主持过"唐宋文学编年地图"，该图直观记录了 151 位唐宋著名诗人一生行迹与创作诗文的时间地点。① 因此 GIS 技术的运用，即可针对文献中特定的人物自动采集分

---

① 何捷、袁梦：《数字化时代背景下空间人文方法在景观史研究中的应用》，《风景园林》，2017年第 11 期。

析其综合信息，生成该人物的行踪路线图，方便在文献数字化的基础上，促进文献图表化与可视化，生成动态的文献数字化地图，进而以清晰的知识图谱体系，提高档案资料的易读性，扩大文献的传播范围。二是人物数据的社会关系分析与可视化，在文化遗产研究中，档案资源所蕴含的人物关系网络是理解历史文化传承的重要线索。数字人文技术通过构建动态化、可视化的人物关系网络，为文化遗产的数字化传播提供了创新路径。这一传播体系主要包含三个关键环节：首先，数据采集环节，运用智能文本分析技术从文化遗产档案中精准提取人物、事件、机构等核心要素，建立结构化数据库；其次，关系建模环节，基于师承脉络、艺术流派、工艺传承等多维度关联，构建文化遗产传承者之间的网络关系；最后，传播呈现环节，通过交互式知识图谱、动态关系网络等可视化形式，直观展现文化遗产的传承谱系。以非物质文化遗产传承人数据库为例，通过数字化呈现不同代际传承人之间的师承关系、技艺交流网络，不仅清晰展现了非遗项目的活态传承轨迹，更增强了公众对文化遗产传承体系的理解。这种基于人物关系网络的数字化传播模式，既保留了文化遗产档案的原始信息，又通过现代技术手段赋予了其新的传播活力，有效促进了文化遗产的社会化共享与创新性转化。

从当前的数字人文应用实践来看，文献类的档案研究较多运用文本挖掘技术，历史研究则较多运用基于 GIS 或其他可视化呈现手段。针对特定的文本信息内容可涉及多领域、多学科，综合运用量化统计、社会网络分析、虚拟现实等多种技术与方法，以此实现对文化遗产档案资源进行综合性、立体性、多视角的考察、分析与价值挖掘。[①] 值得注意的是，这两个维度的技术应用并非相互割裂，而是呈现出明显的

---

① 王华：《数字人文视野下华侨历史文献建设理论与实践》，《华侨华人文献学刊》，2023 年第 1 期。

融合趋势。在具体实践中，往往需要综合运用 GIS 技术、社会网络分析、文本挖掘等多种方法，构建多维立体的数字人文研究框架。这种综合性分析方法不仅能够呈现历史发展的时空轨迹，更能揭示隐藏在档案文献中的复杂社会关系，从而实现从单一文献研究向系统性知识发现的范式转变。随着 VR、AR 等新技术的引入，文化遗产档案的场景化传播将呈现出更加丰富的表现形式，为公众提供沉浸式的历史体验。

第三节　数字人文视角下文化遗产档案资源开发利用的案例研究

结合上小节所述，目前国内大多数基于文化遗产档案的管理方式无法支撑对内容和知识的自由探索，更无法充分发挥和释放文献资源的研究价值。要实现文化遗产档案数字资源的高效利用，需要从基于文献的管理转向基于内容的管理，借助数字化技术从文献中抽取出人物及关系，构建结构化、网络化的表示，从而推动文化档案资源的深度挖掘和开发利用。本节将探索不同文化遗产类型的档案资源开发利用案例，从案例研究视角剖析对其构建模式、功能特色以及试运营情况等进行具体分析，总结其构建经验，以期为文化遗产档案资源平台构建与开发利用方面提供一定参考借鉴。

一、家谱资源开发利用案例研究

梳理完数字人文领域档案资源的开发利用路径与方法之后，我们将案例研究目光首先转向家谱这一极具代表性的文化遗产档案类型。家谱又称族谱、宗谱、谱书等，是一种以表谱形式，记载同宗共祖的血亲团体、世系、人物、事迹，反映本家族繁衍发展过程的历史图籍。中华家谱的数量可观，仅官方机构收藏的家谱就有数万种，散落在民间的家谱更是难以计数，这些家谱是全世界华人寻根问祖的重要线索。[1] 不仅如此，家谱也是一种民间档案、一手的历史资源，作为一种特殊的文献资源，经常被作为与正史和方志并提的史料。但与后者相比，家谱大多由民间组织或家族力量纂修，且多依赖纸质文本在家族内进行传承，难以大规模复制。因此，家谱档案数量庞大、来源广泛，传统的实物保存很难对其充分有效开发，而数字人文技术擅长从海量的资源中发现并获取有用信息，文本挖掘、数据分析、可视化等技术为家谱档案多元化开发提供了强有力的技术支持，能全方位、立体化展现家谱档案资源。

数字人文被认为是图书馆重要的发展趋势之一，其中很重要的一部分工作是对馆藏文献资源的数字化和再开发，又以家谱资源最为典型。近年来，以图书馆为代表的文化机构利用数字技术实现家谱馆藏资源的数字化，通过对纸质家谱文献进行扫描和 OCR 识别，转化成计算机可读的数字符号，进而建设家谱档案资源信息数据库。在国内，出现了一批家谱网站，如上海图书馆的中国家谱知识服务平台、国家图书馆的中国谱牒库等。

这方面上海图书馆推出的中国家谱知识服务平台的技术理念值得借鉴。中国家谱知识服务平台不仅是上海图书馆数字人文平台建设的第一个项目，也是正在建设中的"上海图书馆历史人文大数据中心"的起步之作（见图 4-3-1）。

自 2014 年起，上海图书馆的技术部门和研究整理部门通力合作，将数字化影像资源、书目数据、全文文本和专家的研究成果整合在一

---

① 任明：《数字人文领域知识图谱构建方法与实践》，北京：中国人民大学出版社，2022 年第135 页。

图 4-3-1 中国家谱知识服务平台首页

资料来源：上海图书馆中国家谱知识服务平台截图。

起，建设了华人家谱总目——中国家谱知识服务平台，实现从数字图书馆时代的文献服务到数字人文时代知识服务的转型。家谱是上海图书馆的特色资源，上海图书馆的家谱原件收藏量居世界公藏机构首位，其中大部分进行了数字加工和编目整理。用户进入该平台后，可根据谱名、姓名、谱籍地、堂号、家谱责任者、先祖、名人、摘要关键词等来检索家谱文献资料（见图 4-3-2、图 4-3-3）。[1] 该项目的实现基于关联数据技术，关联数据是将文本、字符等信息作为知识单元有机关联起来，使用户通过直接搜索便能获取知识的技术。研究团队提取姓氏、人、地、时等实体，建立相关概念之间的关联关系，以"时间轴""地图"等可视化方式，为研究者和普通读者提供可交互的数据展示，可见即可得地展示某一姓氏人群在某一地理空间范围内的分布情况。例如，用户输入"黄"姓查询，系统不仅呈现相关家谱列表，也可以生成姓氏迁徙路线图、历史名人关联图谱等内容。换言之，在检

---

[1] 任明：《数字人文领域知识图谱构建方法与实践》，北京：中国人民大学出版社，2022 年第 113 页。

图4-3-2 平台提供谱名、姓名、谱籍地、堂号、先祖、名人等关键词

资料来源：上海图书馆中国家谱知识服务平台截图。

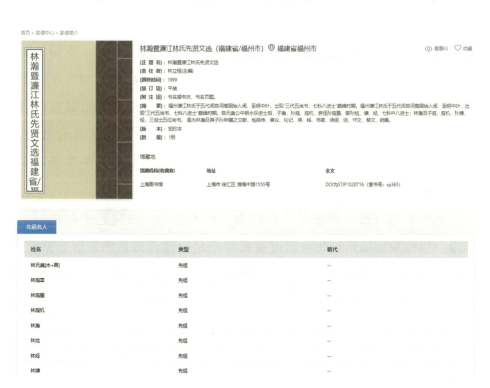

图4-3-3 通过"先祖名人"查询家谱

资料来源：上海图书馆中国家谱知识服务平台截图。

索系统设计上，平台引入知识图谱技术，将离散的家谱信息转化为立体的关系网络。此外，该平台建立了全球家谱联合目录，用户可直观了解某一家谱在全球各个收藏机构的收藏情况，促进了数据的重用和共享，实现了基于万维网的唯一标识和统一定位。上海图书馆中国家谱知识服务平台自 2021 年正式上线以来，已集纳 3.2 万种家谱文献、覆盖全国 29 个省级行政区。尽管已经使用关联数据技术在宏观上对海量家谱数据进行了整合，但在平台上进行检索和查阅仍是以家谱扫描件的在线浏览为主，要短时间内获取所需信息仍然需要一一浏览和搜索，想要检索不同家谱中的关联信息仍有一定的挑战。①

　　为了进一步推动数字人文资源的建设，中国家谱知识服务平台新增了上传家谱（在线捐赠）、在线识谱、在线修谱三种众包功能（见图 4-3-4、图 4-3-5），主要用于民间资源征集和馆藏的手稿、古籍、家谱图片等的文本化。众包概念由杰夫·豪（Jeff Howe）在 2006 年首次提出，是指一个公司或机构把过去由员工执行的工作任务，以自由自愿的形式外包给非特定的（而且通常是大型的）大众志愿者的做法，其核心思想就是利用群体的智慧和力量完成个人或机构无法或难以完成的任务。②

　　由于家谱编撰一般都是家族行为、私人作为，收集起来存在一定难度，以往单靠捐赠收集的家谱数量并不足以建设海量的家谱数据库，因此众包是解决家谱征集、总目修纂难题的一个有效途径，且与家谱的私人收藏性质特别吻合，因而也适合大范围开展。

　　综上所述，上海图书馆推出的中国家谱知识服务平台，利用关联数据技术将家谱资源和接口开放出来，用户不仅可以利用家谱资源，还可以参与资源开发。该举措是开放数据的一个新尝试，通过将数据向社会开放和二次利用，以获得新的价值。

---

　　① 任明：《数字人文领域知识图谱构建方法与实践》，北京：中国人民大学出版社，2022 年第114 页。

　　② 姚啸华、贺晨芝、徐孝娟、仝石峰：《面向数字人文的图书馆众包平台构建研究——以上海图书馆历史文献众包平台为例》，《图书馆杂志》，2020 年第 6 期。

图4-3-4　平台新增上传家谱（在线捐赠）、在线识谱、在线修谱
资料来源：上海图书馆中国家谱知识服务平台截图。

二、基于"上海记忆"的知识图谱开发应用案例研究

"上海记忆"作为上海图书馆响应市委宣传部"三大文化"品牌建设的重要文化工程，代表了当代城市记忆数字化保存与传播的前沿探索。这项系统性工程植根于上海图书馆深厚的地方文献馆藏资源，并充分吸收了自2006年以来持续建设的"上海年华"项目经验，通过整合"图片上海""电影记忆""上海与世博"等十余个专题数据库的建设成果，构建了国内领先的城市数字记忆体系。在数字人文理念的引领下，该项目创造性运用语义网、关联数据、知识图谱等智能技术，结

合历史地理信息系统（HGIS）与数据可视化工具，打造了具有示范意义的文化记忆数据基础设施。该项目始于 2006 年，经过十余年的持续建设与迭代升级，已从最初的专题资源库发展为集知识生产、学术研究、文化展演于一体的综合性数字记忆平台。2018 年，该项目在数字人文理念的指导下进行系统性升级，通过引入语义网、关联数据、知识图谱等前沿技术，构建了完整的城市记忆数据基础设施，实现了从资源数字化到知识体系化的质的飞跃。该项目建设的核心在于构建系统化的知识生产平台。该平台以多模态数字资源库为基础，整合了文本、图像、影音等全媒体素材，并建立了包含人物、地点、时间、事件、实物等维度的知识体系。在具体实施层面，项目团队创新性地开发了"上海历史地名知识库""上海历史建筑知识库""上海历史文化事件库"等专题知识库，通过本体建模和关联数据技术，将这些离散的知识单元整合为有机联系的知识网络。

在技术实现路径上，该项目展现了三个方面的创新突破：首先，建立了基于本体的知识组织体系，设计开发了支持多类型数字记忆媒介语义关联的本体模型；其次，构建了实体知识图谱，通过对人物、机构、地点等实体及其关系的抽取与关联，实现了知识要素的系统化整合（见图 4-3-5、图 4-3-6）；最后，开发了时空建模技术，对城市空间变迁进行结构化处理，使历史信息具有可计算性。这些技术创新不仅解决了海量异构文化资源的整合难题，更开创了城市记忆数字化保存与再现的新范式。①

---

① 夏翠娟：《构建数智时代社会记忆的多重证据参照体系：理论与实践探索》，《中国图书馆学报》，2022 年第 5 期。

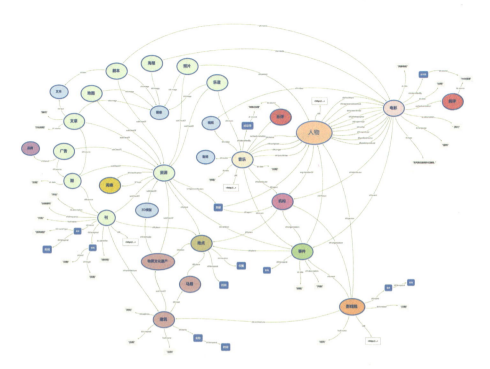

图 4-3-5　支持多种类数字记忆媒介语义关联的"上海记忆"本体模型

资料来源：《构建数智时代社会记忆的多重证据参照体系：理论与实践探索》。

2022 年上线的"上海文化总库"作为项目的重要成果，标志着平台建设进入新阶段。该平台深度融合了红色文化、海派文化和江南文化三大文化脉络，通过 IIIF 国际图像互操作框架实现数字资源的标准化管理与开放获取。在功能设计上，平台集成了文本分析、社会网络分析、时空分析等数字人文研究方法，为学术研究提供强有力的技术支持。其中，基于高德地图二次开发的时空可视化系统尤为突出，用户可以通过交互式地图探索上海城市空间的历史变迁，这种直观的时空呈现方式极大地提升了文化记忆的可及性和体验感。

项目的创新价值还体现在数字展演方面。研发团队巧妙运用智能体感设备，打造了"上海之源"系列数字化互动展项。其中，"上海历史文化年谱"通过时间轴可视化呈现城市发展脉络，有别于传统的线

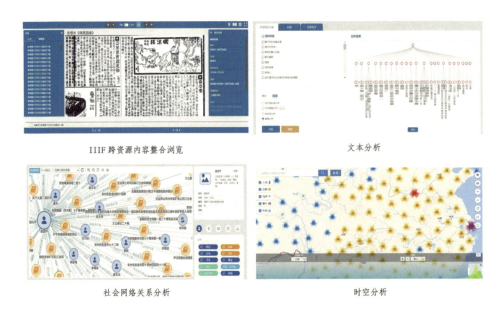

IIIF 跨资源内容整合浏览　　　　　　　　文本分析

社会网络关系分析　　　　　　　　时空分析

图 4-3-6　"上海年华"项目对数字人文研究的支持

资料来源：《构建数智时代社会记忆的多重证据参照体系：理论与实践探索》。

形时间表，文化年谱突出体现近代上海文化发展过程中人物、社会团体与地标建筑的相互关联，揭示不同生活背景与文化领域的名人们如何交流联系，在不为人知的事件中交错勾连，如茂盛的枝条一般构建出蓬勃发展的海派文化；"上海文化地标"以上海红色革命纪念地、上海优秀历史建筑、上海不可移动文物和老上海影戏院四个主要板块为核心，以三维建模技术还原历史建筑风貌，集中展示上海的知名历史建筑，结合上海舆图资源，以 TouchDesigner 实时交互多媒体设计联动 Kinect 互动技术打造了体感控制互动展向，创造出绚丽多彩而富有趣味的沉浸式阅览体验（见图 4-3-7、图 4-3-8）；"外滩长卷"则采用数字叙事手法再现城市景观变迁。这些展项不仅具有高度的艺术表现力，更通过沉浸式交互设计建立起过去与现在的情感连接，创造出法国历史学家皮埃尔·诺拉所说的"记忆之场"的数字形态。

图 4-3-7　建筑历史影像的三维建模

资料来源：https://www.yaspace.cn/p/8420.html。

图 4-3-8　展览现场的实时交互多媒体体验

资料来源：https://www.yaspace.cn/p/8420.html。

从方法论层面来看，"上海年华"项目的成功实践为城市记忆数字化建设提供了重要启示：其一，必须建立完善的数据治理体系，确保知识生产的规范性和准确性；其二，需要构建开放的技术架构，支持多源异构数据的整合与互操作；其三，应当注重用户体验设计，通过可视化与交互技术降低文化记忆的获取门槛。这些经验对于我国正在开展的其他城市记忆项目具有重要的参考价值。

三、浙江仙居县古村落数字档案资源的开发利用案例研究

由住房和城乡建设部主办的"中国传统村落数字博物馆"上线"记忆高迁 爱得我所"传统村落特展，高迁古村及其数字记忆网站成为"中国传统村落数字博物馆"中第一个也是唯一一个单村特展，并在"中国传统村落数字博物馆"移动端同步上线。该项目通过采集246 GB数字档案资源，不仅展现了数字技术赋能传统文化保护的创新路径，更探索出了一套多方协同、资源整合的古村落数字化保护模式。高迁数字记忆项目源于两项重要的国家级研究课题——国家社科基金重大项目"历史文化村镇数字化保护的理论、方法和应用研究"和国家档案局项目"台州古村落数字记忆建设研究"。在项目总策划冯惠玲教授的带领下，中国人民大学信息资源管理学院联合中国民间艺术家协会、台州市档案局、仙居县各级政府以及高迁村民委员会等多元主体，构建了一个产学研用紧密结合的工作网络。这种跨学科、跨部门、跨层级的协作机制，确保了项目在学术深度、技术实现和在地化应用三个维度上的平衡发展。

项目最突出的创新点在于其"多维叙事"和"前站后库"的设计理念。"多维叙事"打破了传统线性叙事的局限，通过时空维度、文化维度、主体维度的交叉融合，构建起立体化的村落文化展示体系。

在技术实现上，项目团队综合运用了三维扫描、全景摄影、GIS 等先进技术，对古村落的建筑风貌、空间格局、民俗活动等进行了全方位记录。特别值得一提的是，项目不仅关注物质文化遗产的数字化，更注重非物质文化遗产的活态传承，通过口述历史采集、民俗活动记录等方式，保存了村落鲜活的文化记忆（见图 4-3-9、图 4-3-10、图4-3-11）。

图 4-3-9　高迁村数字记忆门户网站中包含有多个文化维度的档案信息

资料来源：http://gqjy.bjjy.cn/。

"前站后库"的架构设计则体现了项目在资源组织上的系统性思考。"前站"即面向公众的展示平台，通过精心设计的用户界面和交互功能，为访问者提供沉浸式的文化体验；"后库"则是支撑前台展示的资源管理系统，按照严格的元数据标准对各类数字资源进行规范化组织。这种前后分离的架构既保证了用户体验的流畅性，又确保了资源管理的科学性，为后续的深度开发和可持续利用奠定了坚实基础。

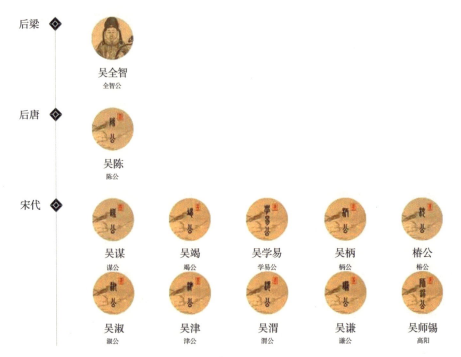

图 4-3-10　高迁村数字记忆门户网站中的宗族谱系脉络图

资料来源：http://gqjy.bjjy.cn/。

图 4-3-11　高迁村数字记忆门户网站中的"精神空间"介绍动画

资料来源：http://gqjy.bjjy.cn/。

在资源开发层面，项目团队创造性地将传统媒介方法与数字技术相结合，开发出了一系列富有创意的文化产品。例如，基于村落建筑三维扫描数据制作的虚拟漫游系统，让用户足不出户就能领略古村风貌；通过数据可视化技术呈现的家族迁徙图谱，生动展现了村落的社会结构变迁；利用增强现实技术复原的传统民俗活动，则为非物质文化遗产的活态传承提供了新途径。这些创新实践不仅获得了 2020 年国际数字人文奖最佳数据可视化应用提名、中国数字人文年会"最佳创意奖"等国内外权威奖项的认可，更在专业领域获得了国家档案局 2020 年优秀科技成果二等奖的肯定。

从实施成效来看，高迁数字记忆项目产生了多方面的积极影响。在文化保护层面，项目建立了一套完整的古村落数字档案资源体系，为这一重要文化遗产的永久保存提供了技术保障。在文化传播层面，数字化展示打破了时空限制，大大拓展了传统文化的传播范围和受众群体。在文化研究层面，结构化组织的数字资源为学术研究提供了丰富素材。更为重要的是，项目通过村民的深度参与，增强了当地居民的文化认同和保护意识，形成了文化遗产保护的内生动力。

高迁项目的经验为我们提供了几点重要启示：首先，古村落数字化保护需要建立科学的理论框架和方法体系，不能仅停留在技术应用的层面。其次，多元主体的协同参与是项目成功的关键，特别是当地居民的参与至关重要。再次，数字资源的开发利用应当注重用户体验，通过创意设计提升文化传播的感染力。最后，必须建立可持续的运维机制，确保数字资源的长期保存和持续更新。放眼未来，古村落数字档案资源的开发利用仍有广阔的发展空间。随着元宇宙、AI 等新技术的成熟应用，数字文化体验将变得更加沉浸和智能。同时，数字资源与文旅产业的深度融合，也将为乡村振兴提供新的发展动能。高迁项目的实践表明，通过数字技术赋能传统文化，我们完全可以在保护与开发之间找到平衡点，让古老的村落文化在数字时代焕发新的生机。可见，文化遗产数字化不仅是一项技术工程，更是一项文化工程。它要求我们在掌握先进技术的同时，更要深入理解文化的内在价值；在追求形式创新的同时，更要注重内容的准确性和深度。只有技术与人文的深度融合，才能真正实现"让文化遗产活起来"的目标，为中华优秀传统文化的创造性转化和创新性发展探索出新路径。

第五章

建筑遗产资源的数字化保护与
传播应用研究

第一节　建筑遗产与建筑遗产数字化

　　建筑遗产是一个表示历史建筑身份属性的宽泛概念，由于我国目前存在文物类建筑和非文物类建筑（历史建筑或传统风貌建筑），这两类建筑在概念上不能互涵，故权且用建筑遗产统称。[①] 建筑遗产作为一个地方文化身份的重要载体，既是历史上留存下来的物质资产，也是未来发展所需的文化资源。但建筑遗产长期受到时间、环境和人为因素等多种因素的影响，众多建筑遗产逐渐淡出人们的视野。因此，如何运用高科技手段实现建筑遗产的有效保护是当前众多国家在文化遗产保护中重点关注的问题。[②] 如今数字技术的介入，不仅可以探索记录建筑遗产资源的路径方式，数字遗产数字化的运用成果也可纳入所在地和社会发展的整体格局。

　　建筑遗产数字化则是指使用表格、数码照片、点云数据、测绘图纸、三维模型等成果全方位记录历史建筑的信息，并通过数据库进行成果的管理和应用的建筑遗产数字化保护工作。为满足历史建筑保护和利用要求、规范建筑遗产数字化内容和成果，2021 年 10 月 1 日，住房和城乡建设部批准《历史建筑数字化技术标准》为行业标准。2023年，中国城市规划学会亦发布团体标准《历史建筑数字化建档工作指南》，提供了建筑遗产数字化建档、管理、应用等系列工作的工作指南。在国际领域，建筑遗产数字化早在 1968 年即得到国际古迹遗址理

---

　　① 常青：《历史建筑保护工程学》，上海：同济大学出版社，2014 年第 13 页。
　　② 刘存钢：《当代建筑遗产保护的数字化策略研究》，北京：中国商业出版社，2021 年第 21 页。

事会（ICOMOS）关注。国际古迹遗址理事会作为是历史最悠久的国际科学委员会之一。国际建筑摄影测量委员会（CIPA）于 1968 年由国际古迹遗址理事会和国际摄影测量与遥感学会（ISPRS）共同成立。该委员会的成立旨在促进测量科学技术在文化遗产文档记录领域的应用，因最初的法语名称无法完全囊括其在文化遗产保护领域内开展的全部活动和所做出的学术贡献，而后更名为国际建筑摄影测量与文化遗产记录委员会（CIPA Heritage Documentation，CIPA-HD）。[①]

建筑遗产数字化的核心是建筑信息模型（BIM）。BIM 是以数字技术支撑的对建筑遗产生命周期的管理模式，其应用范围和场景显著扩展，特别是在文化遗产保护领域。2008 年，阿拉伊奇（Arayici）首次提出 BIM 这一方法，其适用目标主要针对既有建筑（existing building）。[②] BIM 是通过使用三维激光扫描工具所获取的数据对既有建筑信息记录的方法，被称为 eBIM（BIM for existing building）。在 eBIM 中，建筑的各方面信息得以记录和管理，包括使用 BIM 进行全生命周期分析和资产管理、实时数据访问、维护计划、应急管理、改造、维修与重建、建筑能源模拟、环境分析等方面。

传统的建筑测绘主要采用全站仪、皮尺、铅垂线等传统测绘工具完成外业数据采集，需要搭建脚手架，作业效率不高，文物的细节信息难以得到充分体现，且容易对文物造成损伤。而数字化测绘建档技术则具有强大的优势，不仅可节省测绘时间，且采集后的建筑数据可精确至毫米，几乎可以做到不重不漏，极大地提升了工作效率和数据准确性。作为新时代的工具，数字化信息技术在建筑行业得到了长足的进步，也为建筑遗产的保护提供了全新的工作思路和解决方式。无

---

① 徐见卓、马冬青、马可·斯凯奥尼：《国外建成遗产历史建筑信息模型（HBIM）前沿发展综述》，《中国文化遗产》，2024 年第 1 期。

② 阿拉伊奇：《为"既有建筑"搭建建筑信息模型》，《结构调查》，2008 年第 26 期。

人机遥感摄影、激光扫描技术、三维模型技术、摄影测量技术、X 光成像、倾斜摄影技术等，已经用于历史建筑的数字化领域。这些技术的介入，使得文物的空间形态记录精准保真成为可能。尤其是无人机已成为与相机一样被广泛使用的拍摄工具，无人机三维模型建模、数字化测绘技术也逐渐被建筑学及文化遗产保护相关专业人士所普及。因此，随着数字化信息技术的发展，以建筑遗产为代表的遗产数据采集已不再是少数人的特权。

第二节　建筑遗产数字化保护与应用的路径研究

近年来，测量技术在方法和仪器，尤其是使用便捷性、现场调查效率和最终数据质量等方面取得显著进展。这种进展为整个建筑行业带来明显好处，使从业者能够快速获得并使用准确可靠的建筑空间三维重建。该行业的各个学科，尤其文化遗产管理领域在数据采集中受益颇丰，无论在几何重建还是表面描述方面，都有助于完成扩展、详细和系统的建筑遗产建模。[①] 无人机摄影测量技术是在无人机上搭载光学数码镜头进行手动或自动采集带有三维坐标信息的遥感影像数据，再将遥感影像数据通过计算机分析处理后获得测量结果的一种方式。它是传统航空摄影测量手段的有力补充，具有机动灵活、高效快速、精细准确、作业成本低、适用范围广、生产周期短等特点。这种摄影测量成果数据准确、展示效果好，已经在历史建筑检测中得到广泛的应用，可以作为地面三维激光扫描技术的重要补充。笔者以课题组团

---

① 佛朗哥·斯佩托，张开，艾哈迈德·阿莱利，卢卡·佩尔费蒂，克里斯蒂安娜·阿奇尔，弗朗西斯科·法西：《迈向文化遗产数字化的综合方法：从调查到信息管理的案例研究》，《中国文化遗产研究》，2024 年第 1 期。

队在福州乡村开展的以无人机搭配三维扫描进行建筑遗产数字测绘实践探索为例，在调研中，课题组依托无人机遥感技术，将无人机飞行到拟定的高度实施倾斜摄影，搭配单反相机在地面对建筑细节补摄的测量方式，对建筑图像连续采集，获取设定范围内超高分辨率的图像数据，以满足三维场景运算的需求。图像采集完成后，使用处理软件对 POS 数据差分解算，解算后的 POS 数据按照固定格式归纳并导入，参与建模软件运算，进而得到精准的测绘数据（见图 5-2-1、图 5-2-2、图 5-2-3）。因此，无人机搭载三维激光扫描仪可以在短时间内完成大范围区域的扫描工作，大大提高了测绘效率。

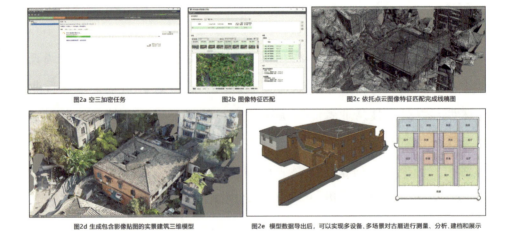

图2a 空三加密任务　　　　图2b 图像特征匹配　　　　图2c 依托点云图像特征匹配完成线稿图

图2d 生成包含影像贴图的实景建筑三维模型　　　　图2e 模型数据导出后，可以实现多设备、多场景对古厝进行测量、分析、建档和展示

图 5-2-1　建筑遗产数字模型的生成路径

资料来源：自绘。

此外，三维激光扫描技术又称实景复制技术，是通过激光扫描仪对实景进行扫描操作，将实景的三维坐标数据采集到电脑中，并以可视化的点云形式展现出来。三维激光扫描技术除了具有三维可视化的特点，还具有一次作业获取海量数据、扫描数据成果精度较高的特点。经过多年的发展，其种类非常丰富。在建筑遗产检测领域，最常用的

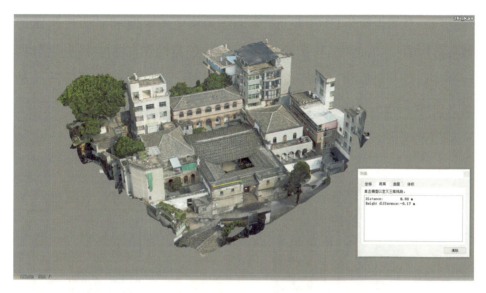

图 5-2-2 无人机遥感摄影获取到的三维模型数据

资料来源：自绘。

图 5-2-3 无人机遥感摄影获取到的三维模型数据

资料来源：自绘。

是地面设站式激光扫描仪。这种方式既能满足检测精度的要求，也能提供较好的检测便捷性。采用地面三维激光扫描技术，只需要在地面设站对历史建筑的外立面进行扫描，就可以无接触、快速地获取建筑外立面的空间坐标信息，并且避免了登高作业的风险和对历史建筑的破坏。同时，扫描数据可以直接导入电脑进行绘图作业，解决了数据转换、信息不对称题、现场返工复测等问题，测绘效率大大提升（见图 5-2-4、图 5-2-5）。

图 5-2-4　无人机与三维扫描仪配合完成建筑遗产数字化测绘

资料来源：《安业庐建筑遗产保护工作坊活动回顾》。

通过三维激光扫描技术、无人机摄影测量技术、手持激光/结构光扫描技术等，为建筑遗产进行信息采集和建模后，一个关键步骤便是将建筑数据信息编入文化遗产信息模型中。这些拥有丰富数据信息的模型可为遗产保护提供后续活动和潜在功能，如记录、监测、分析、修复和展示等。以建筑遗产的数字呈现为例，采用 BIM 模型、720°全景模型、倾斜摄影模型以及 GIS 模型等多种数字化模型，支持使用者虚拟参观体验，因此可对建筑遗产及其建筑内部的环境、装饰装修、家

图 5-2-5　无人机与三维扫描仪配合完成建筑遗产数字化测绘

资料来源：《安业庐建筑遗产保护工作坊活动回顾》。

具、物品等进行多类型展示和漫游。一是便于历史建筑的使用者和管理者对其进行直观、可视化的管理；二是可以根据需要向公众开放访问，实现建筑遗产的云游览、云参观。

　　建筑遗产的数字化信息数据也可通过构建数据库的形式实现公众参与。构建一个建筑遗产的开源数据库，此类平台通常会吸引各领域的专业人士进行跨学科交流和知识分享，不仅可使普通民众和文化遗产保护专业人士受惠于文化教育、遗产共享和保护研究，还可为两者之间搭建起沟通的桥梁，实现全社会共同参与文化遗产保护这项重要事业。例如，巴西圣保罗建立了一个用于传播历史研究和古迹保护的在线平台，以及开发参数资产和可访问数据库，旨在实现这一目标。Cultural Heritage Online 则提供了地图点选案例的方式，且在考古学、宗教学、建筑学甚至历史旅游指南等方面充分扩展。Open Heritage 3D 中的各遗产项目周边环境信息均以高清航拍的形式呈现，并形成综合性的数据集成。

　　综上所述，随着 BIM 的普及应用，正不断取代传统测绘方法，以用于获取高精度的模型和丰富的信息与数据。其路径可整理为：（1）通过无人机遥感测绘及三维扫描技术可获取到建筑遗产的点云数据，生成数字化的建筑遗产三维模型。（2）高质量和高精度的数字模型方便记录建筑遗产基础数据信息；（3）建筑遗产三维模型也可应用于遗产的管理、监测和修复；（4）通过可访问的源数据库构建，可吸引各领域的专业人士进行跨学科研究，实现建筑遗产深度的公众参与（见图 5-2-6）。

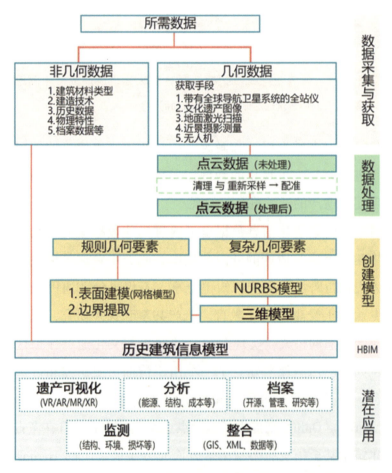

图 5-2-6　建筑遗产数字化保护的路径分析图表

资料来源：《国外建成遗产历史建筑信息模型（HBIM）前沿发展综述》。

第三节　建筑遗产资源数字化保护与应用的案例分析

根据上述建筑遗产资源数字化保护与应用的路径分析，数字化对建筑遗产发展的影响主要体现在测量方法、数据保存、遗产监测和遗产可视化等方面。本节将通过案例展示建筑遗产数字化方法的实际应用，不仅涉及测绘仪器、数据处理技术等领域的最新发展，也呈现数字媒介传播建筑遗产资源的文化科普效应。因此，课题组有针对性地整理了多个数字化研究对象，阐述了面对复杂的建筑文化遗产时，综合运用多种数字技术、多学科交叉研究的益处，且重点关注了跨学科协作环境下从数据采集到通过 Web 平台分享和数据管理利用的话题，并分析其主要优势及潜在问题。

一、古罗马广场、米兰主教座堂数字化测绘与监控平台

建筑遗产空间的数字化对于设备和操作者而言有时非常复杂，如周遭树木、房屋等遮挡物的干扰，或是狭窄及不可及的空间等，反之规则、宽阔和无障碍的空间是少见的例外。这一事实要求测量人员使用不同的采集技术，以便从每种技术中获得最大收益，甚至开发新仪器来解决特定问题。此部分的实践案例可参考《迈向文化遗产数字化的综合方法：从调查到信息管理的案例研究》一文中关于古罗马广场及米兰主教座堂的数字化测绘与监控平台。

案例一：罗马广场是位于罗马的一个考古遗址，是斗兽场考古公园的一部分。该区域主要是室外空间，具有多个历史时期的不同结构。该项目的数字化档案由 SyPEAH 网络平台管理，SyPEAH 全称为 system for the protection and education of archaeological heritage，即考古遗产保护

和教育系统。该平台管理数字化过程及来自现场采集、调查、地质图和卫星数据等大量数据。SyPEAH 是一款专门针对地理空间功能而开发的 Web 应用程序，主要考虑到考古公园占地面积广阔，而罗马广场主要的是室外区域，可实现地理信息地图和卫星图像的可视化。[①] 该平台支持点云、3D 和 BIM 模型，并具有特定可视化模块。这项测绘调查可以提供关于数字化流程的合理示例。该案例测绘对象是一座建于公元前二世纪的古泉水遗址上的许愿建筑鸠吐纳喷泉及周边地区。勘察范围总体面积约 1 100 平方米，包括室内、室外和地下空间。勘测采用多传感器和多技术方法，以尽量覆盖全部调查区域，目标分辨率为 5 毫米，适合 1∶50 的表示比例。此次调查使用了多种仪器：TLS、室内外区域摄影测量、无人机摄影测量、用于地下区域的 Ant3D 手持式多目相机摄影测量系统，以及用于采集地面控制点的地面全站仪（见图 5-3-1）。集成了来自不同测量技术的高分辨率点云，最终输出是一

图 5-3-1　无人机测量、TLS 测量、全站仪测量

资料来源：《迈向文化遗产数字化的综合方法：从调查到信息管理的案例研究》。

---

① 佛朗哥·斯佩托，张开，艾哈迈德·阿莱利，卢卡·佩尔费蒂，克里斯蒂安娜·阿奇尔，弗朗西斯科·法西：《迈向文化遗产数字化的综合方法：从调查到信息管理的案例研究》，《中国文化遗产研究》，2024 年第 1 期。

个 5 毫米分辨率均质采样的主模型。主模型覆盖了鸠吐纳喷泉的整个区域，旨在以最大分辨率描述考古对象，最大限度地覆盖全部区域，完整记录该遗址（见图 5-3-2）。主模型最终上传到 SyPEAH 平台得以呈现（见图 5-3-3）。

图 5-3-2　点云三维模型及细部

资料来源：《迈向文化遗产数字化的综合方法：从调查到信息管理的案例研究》。

图 5-3-3　加载了点云三维模型的 SyPEAH 平台操作界面

资料来源：《迈向文化遗产数字化的综合方法：从调查到信息管理的案例研究》。

案例二：米兰主教座堂同样通过多种测绘技术完成较为完整的点

云三维模型（见图5-3-4）。该测绘项目使用了多种仪器、传感器和技术：从地面激光扫描（TLS）到近距离摄影测量、无人机摄影测量和多相机摄影测量系统。传感器之间的数据集成可以看作解决特定数字化问题的方案。例如，TLS点云在表示几何结构方面具有很高的测量精度，因为其传感器是主动式的，不受环境光照的影响。摄影测量可以实现比肩TLS的分辨率，具有精确的色彩表现力，但它受到光照和阴影条件的影响，可能会影响最终的色彩结果、图像的定位以及测量产品的最终准确性和可靠性。从这个角度来看，数据集成可以充分利用可用技术的主要优势，但它也面临挑战，因为每种单一技术都带来了一些特定的问题（如调查持续时间、机动性和处理、照明、远程漂移等问题），而且全部调查数据在目标分辨率下的相互匹配绝非易事，要考虑的不仅是单个点云，还要考虑整个主模型的最终准确性。①

图5-3-4　米兰主教座堂均质采样后的5毫米分辨率点云

资料来源：《迈向文化遗产数字化的综合方法：从调查到信息管理的案例研究》。

---

　①　佛朗哥·斯佩托，张开，艾哈迈德·阿莱利，卢卡·佩尔费蒂，克里斯蒂安娜·阿奇尔，弗朗西斯科·法西：《迈向文化遗产数字化的综合方法：从调查到信息管理的案例研究》，《中国文化遗产研究》，2024年第1期。

二、佛光寺数字化展示项目

基于对数字技术创新文化遗产保护和利用方向的探讨，在中国文物保护技术协会的指导下，腾讯数字文化实验室、腾讯研究院、中国人民大学创意产业技术研究院联合特邀共创伙伴青腾，于 2022 年 5 月共同发起"探元计划"2022 项目，征集"数字科技＋文化遗产"领域内具有行业前瞻性与社会价值的创新案例、应用场景与解决方案，探索文化遗产活化利用的可持续发展路径，形成多元协作保护传承新格局。[①] 该计划重点关注文化遗产领域的前沿科技应用，聚焦科技考古与修复、文化遗产数字孪生、文化遗产知识图谱、文化遗产＋数字文创、文化遗产＋数字教育、文化遗产＋文旅融合、文化遗产＋元宇宙、文化遗产＋✕八大征集方向。[②] 其中，"佛光寺数字化展示项目"入围该计划优秀案例。

山西省现存数量众多且保存完好的古建筑遗存。其中，位于五台山的佛光寺作为唐代木构建筑的代表，寺内佛教文物珍贵，故有"亚洲佛光"之称，在建筑学、艺术美学、文化遗产等领域具有重要的学术价值和国际影响力。寺内东大殿（公元 857 年）在建造时间上仅次于建于唐建中三年（公元 782 年）的五台县南禅寺正殿，在全国现存木结构建筑中居第二位。然而，由于建筑本身不可移动性等因素，这些珍贵的遗产很难实现国际传播。2015 年，受山西古建所委托，CHCC团队启动了佛光寺塑像、壁画数字化勘察研究工作。"佛光寺数字化展示项目"即为该团队将前期数字化勘察研究和保护监测的既有数据进行数字化转化与创造性阐释，包含数字化辅助增强现场展示和公众科

---

① 《附全文：〈中国文化遗产数字化研究报告〉重磅发布｜"探元计划"2022 收官》，腾讯网，2023 年 2 月 22 日，https://news.qq.com/rain/a/20230222A076AP00。
② 《线上展会预告｜"探元计划"2022 终审入围项目"佛光寺数字化展示项目"参展南京融交会》，微信公众号，2022 年 11 月 23 日，https://mp.weixin.qq.com/s/nJ-I5zo8co1td_ zBq1EMRQ。

普两部分，对佛光寺艺术"四绝"（木构、塑像、壁画、题记）、相关历史背景、保护过程与研究进展进行展示和推广。[①] "佛光寺数字化展示项目"包含如下内容：

首先，建立数字化文物信息系统。该文物信息系统依托前期丰富的数字化成果，旨在利用先进的互联网三维引擎技术，实现对海量数据的高效管理与展示。该平台全面整合了与佛光寺文物相关的各类资料，并通过数据整合技术，构建了面向用户勘察、研究及管理等需求的多个功能模块。目前，系统已成功将佛光寺东大殿的大木结构信息、部分附属文物资料及相关研究成果进行可视化设计，并整合至文物信息系统中。系统内容涵盖佛光寺全景导览、东大殿点云模型、基于研究的"四绝"信息库以及相关学术成果汇总等，是目前国内外对佛光寺数字化精度最高、覆盖范围最广、研究深度最深的信息集成平台。

其次，由CHCC开发的"与大师相遇佛光寺"数字导览系统（试行版）集知识点介绍与参观路线引导于一体，为游客提供"增强型"现场参观体验。导览系统的内容涵盖整体概述、背景知识、细节放大、历史信息比对及互动游戏等多个模块，包含数十个信息点。游客可从导览初始底图界面进入不同历史景点的全景视频，并通过点击信息标签，有针对性地获取相关背景知识。系统不仅以互动形式向游客讲解斗栱设计、七朱八白等专业知识，还融入了以梁思成与林徽因为叙述者的佛光寺发现故事，以及寻找宁公遇题记等趣味互动游戏，显著提升了数字化导览的趣味性与吸引力。

最后，CHCC团队还推出了《佛光重现》系列公众科普视频。2020年7月9日，团队发布了系列首集《千年后的相遇》，回顾了佛光寺东

---

① 《线上展会预告 | "探元计划" 2022终审入围项目 "佛光寺数字化展示项目" 参展南京融交会》，微信公众号，2022年11月23日，https://mp.weixin.qq.com/s/nJ-I5zo8co1td_ zBq1EMRQ。

大殿的发现历程，以此纪念梁思成与林徽因对中国建筑史学的卓越贡献。随后，2020年和2021年，团队分别推出了第二集《消失的前廊》和第三集《人体工程学》，为东大殿庆生。CHCC制作的《佛光重现》系列视频，作为"中华遗产地文物保护系列短视频"的代表作，连续两年在中国文物报社主办的"全国文化遗产云传播精品征集推介活动"中荣获"全国文化遗产云传播优秀项目"称号。首期视频播放量突破10万次，并在央视新闻与哔哩哔哩联合主办的《云讲国宝》栏目中荣获"国宝讲述民间高手"称号，将对遗产的热爱转化为动人的中国故事，赢得了广泛赞誉。①

三、北京中轴线申遗"数字中轴"项目

2024年7月27日，第46届世界遗产大会在印度首都新德里举行，我国申报的"北京中轴线——中国理想都城秩序的杰作"（简称北京中轴线）被正式列入《世界遗产名录》，北京中轴线成为我国入选的第59项世界遗产。北京中轴线从钟鼓楼一路往南，途经万宁桥、故宫等直至永定门。这条全长7.8公里的中轴线虽称为"线"，但它串联起3处世界文化遗产、11处全国重点文物保护单位、2处北京市级文物保护单位、2处普查登记在册文物、1处历史建筑以及6处历史名园，其实质是建筑群和城市空间的组合体，是中国传统都城规划智慧观念的体现，同时承载着中国传统文化的深厚内涵。数字技术的运用也成为助力北京中轴线申遗的重要内容，开创了数字技术全程参与世界文化遗产申报的先例。北京"数字中轴"项目主要以"北京中轴线数字展陈""北京中轴线IP强化""北京中轴线文化遗产可持续发展指数"为核心建设目的，展示了建成文化遗产保护与数字技术的深度融合，开

---

① 《线上展会预告 | "探元计划"2022终审入围项目"佛光寺数字化展示项目"参展南京融交会》，微信公众号，2022年11月23日，https://mp.weixin.qq.com/s/nJ-I5zo8co1td_ zBq1EMRQ。

启了文化遗产保护与应用的新篇章（见图 5-3-5）。

图 5-3-5　北京中轴线申遗"数字中轴"项目——SPARK 2022 腾讯游戏发布会
资料来源：腾讯视频网。

要展示一条真实的数字中轴线，离不开数字测绘与数字三维建模技术。2022 年，北京市文物局和北京市测绘设计研究院（简称北京市测绘院）联合搭建推出"实景三维中轴线"。基于"空天地"一体化采集手段，北京市测绘院利用全站仪、车载扫描仪、站式扫描仪、推车式扫描仪、背包式扫描仪、手持扫描仪等多种设备采集了中轴线区域方位内各遗产点点云和高分辨率影像，并采集了中轴线遗产区范围内的主要道路、天安门广场及周边区域、永定门、钟鼓楼、先农坛等数据，积累了超 2 TB 的资料。"实景三维中轴线"不仅是数字测绘的重要成果，也在多用户、多场景的数字化展陈中得到了深度应用，更好地"让文物活起来"。2022 年，北京市测绘院打造了"实景三维中轴线"互动展陈、"北京中轴线"时空照相馆互动展项、"数瞰北京"AR北京中轴线互动展项等各类展品，其中"实景三维中轴线"互动展陈包括云游中轴、中轴对望、多彩中轴线、历史中轴线与十年申遗路等，直观展示了中轴线保护的突出成就。①

北京"数字中轴"项目通过数字技术亦实现了从静态保护到活态转化的转变，展现出了数字遗产资源的创新应用。2023 年，北京市文物局等单位联合发布"北京中轴线数字资源库成果"和北京中轴线数字文化 IP 共创计划，探索中轴线数字资源在音乐、视频、动漫、游戏等多元场景中的应用，吸引了数以千万计的年轻用户参与中轴线的传承与创新。其中北京市文物局与腾讯公司合作，历时三年推出了"数字中轴·小宇宙"沉浸式互动产品。② 该产品对北京中轴线核心遗产区进行了精细还原，再现了 30 万株植被、220 万处建筑物，三维数据资产超 15 T。技术团队通过游戏化的交互设计，让体验者能够以全景立体、沉浸式的方式探索中轴线的历史与文化。例如，用户可以通过解密收集等玩法，了解古代祭祀礼仪、古建筑结构、市井生活等知识点，从而更深入地探索北京中轴线的文化价值（见图 5-3-6、图 5-3-7、图 5-3-8）。

此外，北京中轴线还通过线下体验活动进一步活化文化遗产。③ 例如，"时间的故事"展览通过沉浸式数字展品和交互体验，生动展示了中轴线沿线古建筑的魅力。游客可以通过 VR 设备走进中轴线的虚拟世界，感受其"意境"之美。换言之，"数字中轴·小宇宙"不仅是一个数字技术产品，更是一个通过数字技术进行文化传播的平台。

---

① 《北京市测绘设计研究院：利用数字技术助力北京中轴线申遗保护》，北京市测绘设计研究院网，2024 年 9 月 29 日，https://www.bism.cn/gzdt/xwdt/202409/t20240929_ 6485.html。

② 《"数字中轴·小宇宙"展现北京中轴线前世今生》，光明网，2024 年 7 月 29 日，https://share.gmw.cn/culture/2024-07/29/content_ 37467973.htm。

③ 《北京中轴线申遗成功 腾讯开创数字化技术全程参与申遗的全球先例》，中华网，2024 年 7 月 28 日，https://tech.china.com/article/20240728/072024_ 1553519.html。

图 5-3-6　北京"数字中轴·小宇宙"

资料来源：北京数字中轴官方网站截图。

图 5-3-7　北京"数字中轴·小宇宙"

资料来源：北京数字中轴官方网站截图。

图 5-3-8 北京"数字中轴·小宇宙"

资料来源：北京数字中轴官方网站截图。

可见，北京"数字中轴"项目不仅展示了文化遗产数字化保护的水平，还极大地增强了公众的参与度。"云上中轴"小程序则构建了"数字打更人"志愿者体系。市民和游客可以通过扫描遗产点界桩上的二维码，拍照上传巡检报告，参与到中轴线的保护工作中。截至 2024 年，该小程序已累计注册用户近 80 万人，提交巡检图片超 7 万张，志愿者人数近 1.7 万人。这种公众参与模式不仅提高了文化遗产监测的效率，还增强了公众的文化保护意识。例如，许多中小学生通过参与"数字打更人"活动，深入了解了中轴线的历史与文化，成为文化遗产保护的积极倡导者。

四、2025 年春晚中国传统建筑创演秀《栋梁》

建筑遗产信息的时空属性随着可视化能力的增强和数字测绘的普及，逐渐成为文化遗产应用科普以及历史文本语义表达中的热点领域。其中典型的应用案例就是 2025 年春晚中国传统建筑创演秀《栋梁》。

2024年，北京中轴线申遗成功，再次吸引了全世界对中国传统建筑的关注，相关元素也出现在了蛇年春晚的舞台上。中国传统建筑创演秀《栋梁》融合建筑学家梁思成先生的珍贵手稿，通过数字建模还原古建筑（见图5-3-9），以数字媒介的形式展现出榫卯结构的精妙、佛光寺、南禅寺等传统建筑的雄伟以及北京中轴线上的古城风貌。《栋梁》以其独特的文化魅力和震撼的视觉呈现，成了一道亮丽的文化风景线。它不仅是一场视觉盛宴，更是一次对中国传统建筑文化的深情致敬和创新表达。

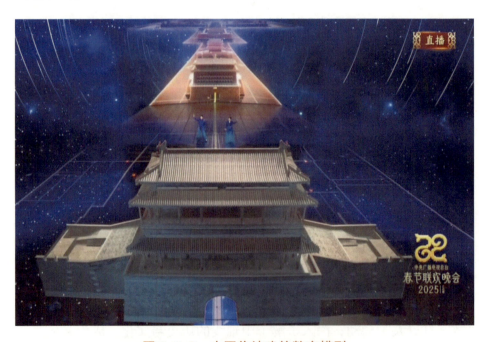

图5-3-9　中国传统建筑数字模型

资料来源：春晚截图。

中国传统建筑创演秀《栋梁》的视觉设计以梁思成先生绘制的古建筑珍贵手稿为基础，演变为中国古建数字化三维模型。选取了天坛祈年殿、孔庙奎文阁、佛光寺、独乐寺等十二座具有代表性的中国传统建筑。在数字模型的基础上，通过现代数字艺术手段，突破空间限制，让观众沉浸式感受榫卯、斗拱等结构之巧，天坛祈年殿的架构之精，北京中轴线及佛光寺等传统古建之美（见图 5-3-10）。节目运用总台虚实融合超高清制作系统，结合"XR（扩展现实）+数字孪生+VP（虚拟制作）"融合拍摄技术，将三维立体建筑模型搬上舞台，打造出无限延展的虚拟舞台空间。此外，节目还将建筑遗产的数字化呈现结合了凤凰传奇铿锵奔放的歌声，寓意中华民族堂堂正正、不畏风雨的"栋梁"。2025 年春晚歌曲类节目负责人张异凡描述："从单体建筑的成形，到榫卯结构的搭建，再到中轴线的象征，歌曲展现了中华民族堂堂正正的发展道路，蕴含着深厚的哲学和文化意象。"

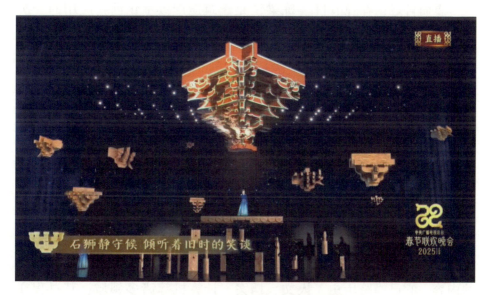

图 5-3-10   斗拱构件数字模型

资料来源：春晚截图。

《栋梁》不仅巧妙将数字建筑与音乐相结合，该节目的舞台表现也有所突破。以往的舞台表现，通常是通过布景、灯光等方式来营造氛围，而《栋梁》则完全不同。它不仅是一个节目，更像是一个沉浸式的"体验空间"。节目组在舞台上打造了一个升降矩阵，结合虚拟投影和 XR 特效，让舞台可以随着表演变化形态，甚至让人觉得自己在"穿越"时空。比如，当舞蹈演员在舞台上跳跃时，周围的建筑结构会随之变化，如同置身于一座真实的宫殿之中。当镜头推进时，观众还能"走进"建筑内部，感受中国古代匠人的智慧。观众仿佛置身于古建筑与音乐之中，感受其千年神韵和文化内涵。正如黑格尔所言："建筑是凝固的音乐，音乐是流动的建筑。"聚焦于中国传统建筑的《栋梁》，也是春晚继"中国色彩""中国纹样"之后，再一次对中华优秀传统文化的创造性转化和创新性发展的探索创作。这种创新的表达方式，不仅让古建筑"活"了起来，也让传统文化在现代舞台上焕发出新的生机。

总而言之，春晚节目《栋梁》是建筑遗产数字化创新应用的一次成功尝试。它不仅为公众带来了一场视听盛宴，也为建筑遗产的保护、传承和传播提供了新的思路和方法。

第四节　本章小结

1979 年，澳大利亚《巴拉宪章》提出文化遗产保护的根本目的是保护历史遗产的"文化意义"，包括其蕴藏的相关元素、对象、空间和图像等。如今数字领域不仅涉及建筑遗产数字化测绘或单一建筑领域的内容，它已横跨历史、人文、档案、计算机等诸多领域，其过程亦是一种文化遗产保护"知识建模"乃至"知识生产"的全新模式，因此数字领域不断演进的内涵和外延也为"文化意义"的诠释提供了一种新的视角。[1]

我国的建筑遗产数字化保护与传播应用近年来取得了一定的成绩，

---

[1]　蒋楠、张菁：《数字人文视角下文化遗产信息的演进、呈现与管理》，《同济大学学报（社会科学版）》，2023 年第 6 期。

尤其是建筑遗产信息管理正处于数字化转型关键期，技术的进步显著提升了记录精度与传播广度，但需突破数据碎片化、资金不均、长期可持续性等瓶颈。

首先，建筑遗产数字化的保护与欧美等发达国家相比尚存在差距。这种差距首先体现在遗产信息保护的制度体系建设上。[①] 一是地区管理、部门管理碎片化，不同地区不同遗产对象的关注不均衡，且各单位间横向交流机制普遍缺失，文物、住建等部门在不同尺度遗产对象的保护目标、管理原则、技术方法等方面缺乏互动和协同机制，导致了条块切割、各自为政的局面。加之目前缺乏与遗产有机联动的体系以解决其"信息孤岛"问题。[②] 二是在建筑遗产系统化信息管理方面，缺乏建筑遗产数字模型的适应性标准体系。虽然2021年及2023年发布的《历史建筑数字化技术标准》对基础信息、测绘信息、成果质量、数据库四个方面做出了相关规定，但其更注重图纸、文字、图像等资料管理，建筑遗产建模要求复杂，且在信息数据方面缺乏一致的标准，导致其使用受限。因此，当前在建筑遗产数字信息模型的建档、应用方面有所欠缺。

其次，建筑遗产数字化的应用成果有限，导致利用数字化技术传播遗产信息的深度与广度不足。当前在建筑遗产领域有效利用数字遗产进行创新应用仅见笔者上述整理的北京"数字中轴""春晚中国传统建筑创演秀"以及意大利的"数字西斯廷教堂虚拟展示"等少数案例。主要有如下原因：一是当前建筑遗产数字模型的使用有限。建筑遗产信息模型的建立是大数据分析与挖掘流程中的重要一环。二是在建立建筑遗产信息模型数据库的基础上，也应确保多尺度多层级下遗产信息的延伸与融合，因此还需加强构建遗产数据信息"去孤岛化"的发

---

① 蒋楠、王建国：《基于全程评价的近现代建筑遗产登录制度探索》，《新建筑》2017年第6期。
② 王建国：《中国城镇建筑遗产多尺度保护的几个科学问题》，《城市规划》，2022年第6期。

展路径。三是建筑遗产数字化的创新应用依赖真正跨学科研究与实践。尤其是探索数字应用创新与文化传播创新，让建筑、人文与科技紧密交叉，数字与人文的结合被视为人文学科繁荣发展的未来突破点。四是结合"现实+虚拟"的数字孪生，注重建筑遗产信息的多元呈现、公众普及与教育传播，尤其是在结合多元主体、学科、界面及视觉的基础上，建筑遗产信息数据借助数字媒介可形成可视化、情境化、交互化的遗产虚拟场景或相关衍生文化产品，进而为建筑遗产保护的迭代进阶提供新的可能。

　　基于上述研究现状，本研究小组尝试在一定的场域范围内，开展古厝遗产的数字化测绘、数据库建档，并利用已在建的数据库资源，再次利用数字化技术开展建筑文化图谱分析、建筑3D模型打印以及三维动画呈现等内容。本次研究实践的成果以展览的形式进行呈现与传播，进而尝试在田野调研、数据库建设以及传播应用等方面，探索古厝文化与数字技术的深度融合（见图5-4-1、图5-4-2）。

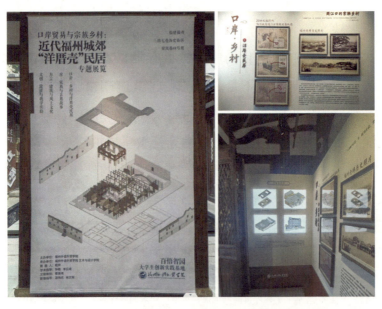

图5-4-1　"洋厝壳"民居数字化保护专题展览

图 5-4-1 "洋厝壳"民居数字化保护专题展览（续）

资料来源：福建日报报道。

图 5-4-2 古厝 3D 打印模型

资料来源：作者团队提供。

第六章

文化景观遗产资源的数字化保护
与传播应用研究

第一节　文化景观遗产概念的演进与内涵拓展

文化景观遗产作为世界遗产体系中独具特色的重要组成部分，其概念的形成与发展反映了人类对文化遗产认知的不断深化。根据联合国教科文组织《世界遗产公约》第一条的界定，文化景观遗产被明确定义为"自然与人类联合工程"，这一概念突破了传统上将文化遗产与自然遗产二元对立的思维模式，强调人类活动与自然环境之间长期互动所形成的有机整体。这类遗产具有多元的表现形态，既包含人类刻意设计的景观，也包括有机演进的景观，还包括具有强烈文化关联性的景观。

从历史维度来看，文化景观遗产概念的提出标志着文化遗产保护理念的重要转变。20 世纪下半叶，随着全球范围内对遗产价值认识的不断深化，国际社会逐渐意识到传统以单体建筑或考古遗址为主的保护模式已无法满足当代遗产保护的需求。1992 年 10 月，世界遗产中心联合国际古迹遗址理事会和世界自然保护联盟（IUCN）在法国拉贝第皮埃尔召开的专题研讨会具有里程碑意义，会议正式将文化景观纳入《世界遗产名录》评选范畴，确立了其在世界遗产体系中的独立地位。[①]这一决策反映了国际遗产保护领域从关注单一要素向重视整体环境的转变趋势。

文化景观遗产的核心特征在于其体现了人与自然长期互动的动态过程。不同于静态的文物古迹，文化景观强调活态传承，既包含物质

---

① 　单霁翔：《从"文化景观"到"文化景观遗产"（上）》，《东南文化》，2010 年第 2 期。

层面的有形遗产，也包含非物质层面的传统知识、技艺和生活方式。以中国云南红河哈尼梯田为例，这一文化景观不仅展现了壮观的梯田形态，更蕴含了哈尼族千年来适应自然、改造自然的智慧结晶，是活态文化遗产的典型代表。这种"活态性"使文化景观遗产具有持续演变的特性，给保护工作带来独特挑战。

从类型学角度分析，文化景观遗产呈现出丰富的多样性。按照世界遗产委员会的划分标准，文化景观遗产主要包含三大类型：一是人类刻意设计创造的景观，如皇家园林、宗教圣地等；二是有机演进的景观，包括因自然环境而形成的持续性景观和反映特定历史阶段的化石性景观；三是具有强烈文化关联性的景观，这类景观可能物质载体已不完整，但因文学、艺术等文化表现形式而具有特殊意义。这种分类体系反映了文化景观遗产概念的包容性和扩展性。

近年来，随着遗产保护理论的创新发展，文化景观遗产的外延不断扩展。"历史城镇""传统村落""运河遗产""文化线路"等新型遗产类型的出现，进一步丰富了文化景观的内涵。这些遗产类型的共同特点是体现了文化与自然的深度融合，反映了特定地域人类适应环境的智慧。以中国的京杭大运河为例，这一活态遗产不仅包含了水利工程、历史街区等物质载体，更承载了沿线城市发展、文化交流的历史记忆，是典型的线性文化景观。

第二节　文化景观遗产数字化保护与应用的路径研究

当前文化景观遗产数字化研究呈现出与建筑遗产数字化相似的多学科交叉融合态势，其发展轨迹正从基础性的数字化记录逐步向智能化的知识挖掘和沉浸式的体验交互方向深化演进。在技术应用层面，各类数字技术已形成完整的保护链条，共同构建起文化景观遗产数字化保护的立体化解决方案。

数据采集技术体系已发展出适应不同尺度需求的多元化解决方案。三维激光扫描技术凭借其"重现实景"的独特优势，通过高采样率、主动光源发射、不受时空限制等特点，在微观尺度数据采集中展现出卓越性能。这项技术不仅显著提升了数据质量和采集效率，更实现了三维信息的可视化呈现。例如，2011 年，利用三维激光扫描技术等，庞贝古城完整的地形及风貌得以重构；2015 年，孙瑾利用三维激光扫描技术获取了庐山三维激光点云数据，并构建了庐山文化景观遗产的数字化系统。[1] 从庞贝古城的完整重构到庐山文化景观的数字化系统建设，三维激光扫描技术已成为景观、建筑及空间类遗产测绘与重建的核心手段。与之形成互补的是遥感技术，该技术依托卫星平台，凭借其宏观性、全面性和动态监测能力，在大尺度空间数据获取方面具有不可替代的优势。例如，2004 年，广西壮族自治区文化厅等多部门利用遥感技术顺利完成花山岩画立体景观影像和数字正射影像的测量任务；2021 年，王臣立等通过对比不同时段的遥感卫星数据，完成对世界文化景观遗产——红河哈尼梯田申遗前、后遗产要素的监测研究，分析了土地覆盖现状和变化趋势。[2] 从花山岩画的立体影像测量到红河哈尼梯田的动态监测，遥感技术为文化景观的宏观研究提供了坚实的数据基础。而全球定位系统则以其高精度定位和便捷操作特性，为遗产空间信息的精准记录和管理提供了技术支持。

在数据存储与处理领域，GIS 和 BIM 共同构建了文化景观时空数据

---

① 孙瑾：《庐山文化景观遗产数字化保护研究》，江西师范大学硕士学位论文，2016 年。

② 王臣立、徐丹、林文鹏：《红河哈尼梯田世界文化景观遗产的遥感监测与土地覆盖变化》，《生态环境学报》，2021 年第 2 期。

的管理框架。GIS 凭借其强大的空间分析和可视化能力，有效解决了文化景观多源异构数据的集成管理难题。例如，2013 年，施春煜分析了杭州西湖文化景观空间信息技术的适用性，阐述了利用地理信息系统建设西湖文化景观监测与预警管理系统，使监测信息空间定位和可视功能得以实现的即时化管理方式。[①] 西湖文化景观监测系统的实践表明，GIS 技术能够实现监测信息的空间定位和可视化呈现，为遗产管理提供决策支持。而 BIM 则以参数化、模块化的特点，在历史建筑景观的数字化建构中发挥着重要作用。例如，2020 年，杨晨探讨了澳大利亚巴拉瑞特市如何利用数字技术来保护和管理其城市历史景观，指出其通过结合建筑信息模型和地理信息系统技术，实现了城市历史景观海量信息的一体化存储。[②] 澳大利亚巴拉瑞特市的案例证明，BIM 与 GIS 技术的融合可以实现城市历史景观信息的一体化存储，为遗产保护提供全面的数据支撑。

在传播应用维度，VR 和 AR 开创了文化景观展示的新范式。VR 通过构建高度仿真的三维环境，实现了文化景观的全方位数字化呈现。2019 年，王晓燕在都江堰的保护研究中设计并搭建了具有科普功能的都江堰虚拟漫游系统；2021 年，董金义运用 VR 构建了广西左江花山岩画数字文化遗产虚拟旅游系统，对保护区内的文化景观遗产进行数字化保护，并为其健康、可持续发展提供强有力的保障。从都江堰虚拟漫游系统到花山岩画数字体验，VR 不仅为遗产保护提供了永久性的数字档案，更创造了沉浸式的文化传播方式。AR 则通过虚实融合的展示手法，为现场参观者提供了丰富的数字内容叠加，圆明园的数字重建项目充分展现了 AR 在遗产阐释方面的独特优势。值得关注的是，AI

---

① 施春煜：《空间技术在集中型遗产地和分散型遗产地保护监测中的应用——以杭州西湖文化景观和苏州古典园林为例》，《中国园林》，2013 年第 9 期。
② 杨晨：《数字化遗产景观——澳大利亚巴拉瑞特城市历史景观数字化实践及其创新性》，《中国园林》，2017 年第 6 期。

正在重塑文化景观研究的范式。机器学习算法在景观特征识别方面的应用，以及故宫"文化景观语义关联"项目的实践，预示着智能化将成为未来文化景观研究的重要方向。这些技术创新不仅提高了研究效率，更开辟了文化景观知识挖掘与传播的新途径。

总体而言，当代数字技术已形成从采集、存储到应用的完整保护链条，各技术相互补充、深度融合，共同推动文化景观遗产保护向更精准、更智能、更互动的方向发展。这种技术集成不仅解决了传统保护中的诸多难题，更为文化景观的价值阐释和公众参与创造了新的可能性。

第三节　文化景观遗产数字化保护与应用的案例研究

一、红河哈尼梯田遗产区数字监管平台研究

红河哈尼梯田作为世界文化遗产，其独特的农业景观和生态智慧具有极高的保护价值。然而，由于梯田分布广阔、地形复杂，加之气候变化和人为因素的影响，传统的监测与管理方式难以满足精细化保护的需求。为此，构建数字监管平台成为提升遗产管理效能的重要途径，该平台整合了遥感、地理信息系统（GIS）、物联网（IoT）及大数据分析等现代技术，实现对梯田生态环境、水文系统、农业活动及旅游影响的动态监测与科学评估（见图6-3-1）。[①]

在数据采集层面，数字监管平台依托卫星遥感与无人机航测技术，

① 《红河哈尼梯田申遗成功十周年 | "数字梯田"赋能哈尼梯田保护利用》，澎湃网，2023年3月25日，https://www.thepaper.cn/newsDetail_ forward_ 22447543。

图 6-3-1　红河哈尼梯田遗产区数字监管平台首页

资料来源：https://www.thepaper.cn/newsDetail_ forward_ 22447543。

定期获取梯田的高分辨率影像数据，监测土地利用变化、植被覆盖状况及水土流失风险。同时，地面传感器网络实时采集气象、土壤湿度、水位等关键指标，形成多源数据融合的监测体系。例如，通过对比不同时期的遥感影像，平台可精准识别梯田边缘的侵蚀情况或耕作方式的变化，为生态修复提供数据支持。此外，全球定位系统（GPS）和移动终端设备的应用，使管理人员能够快速定位受损区域，提高巡查效率。

在数据处理与分析方面，GIS 技术作为平台的核心支撑，实现了空间数据的可视化管理和深度挖掘。平台将梯田的地形、水系、村寨分布等要素进行数字化建模，结合历史数据建立动态数据库，便于分析梯田生态系统的演变趋势。例如，通过水文模型模拟降雨对梯田灌溉系统的影响，可预测潜在的洪涝风险，并制定相应的调控措施。同时，AI 算法的引入增强了数据分析的智能化水平，如利用机器学习识别梯田区域的异常变化，自动生成预警信息，辅助管理决策

（见图 6-3-2）。

图 6-3-2　消防相应及应急方案自动匹配

资料来源：https://www.thepaper.cn/newsDetail_ forward_ 22447543。

在管理应用层面，数字监管平台不仅服务于遗产保护，还兼顾社区发展和旅游管理。通过建立开放的数据共享机制，当地农户可获取梯田养护建议，优化耕作方式，确保农业活动与遗产保护相协调。

在旅游管理方面，平台结合游客流量监测系统，分析游客分布热点，优化游览路线，避免过度集中对梯田生态造成压力。

此外，VR 和 AR 的应用，为公众提供了沉浸式的文化体验，如通过手机 App 扫描梯田实景，即可获取哈尼族农耕文化的数字解说，增强遗产教育的互动性。

总体而言，红河哈尼梯田数字监管平台通过多技术融合，构建了"监测—分析—决策—应用"的全链条管理模式，既提升了遗产保护的精准性和时效性，又促进了传统农耕智慧的传承与可持续发展。未来，随着 5G、区块链等新技术的引入，该平台有望进一步优化数据共享与协同管理机制，为全球农业文化遗产的数字化保护提供示范。

二、"三山五园"研究与科普实践：数字化传承与公众传播的创新探索

"三山五园"作为北京西北郊的皇家园林集群，承载着深厚的文化底蕴与历史记忆，是清代政治、文化与园林艺术的集中体现。然而，随着城市化进程的加快，这一区域的历史景观遭受不同程度的破坏，传统的研究与保护方式难以全面呈现其原有风貌。在此背景下，2015年当时在北京林业大学就读风景园林学博士学位的朱强创建了"三山五园"研究团队[①]，团队结合数字技术、历史地理学与公众传播学，对"三山五园"进行了系统性研究与科普实践，不仅推动了学术研究的深化，还探索出一条文化遗产数字化保护与公众传播的创新路径。

研究团队立足于历史文献与地理信息的整合，通过梳理清代档案、舆图、宫廷绘画等资料，结合现代测绘技术，对"三山五园"的空间格局进行精确还原。团队采用GIS构建了历史地理数据库，将不同时期的园林布局、水系变迁、建筑分布进行叠合分析，揭示出这一区域在清代鼎盛时期的整体景观结构。例如，通过对圆明园四十景图的数字化复原，团队精确标注了各景群的位置关系，并结合三维建模技术，部分再现了"万园之园"的辉煌景象。[②]

研究成果的转化与传播是"三山五园"团队的突出贡献。2017年北京国际设计周期间，团队精心打造的"157周年纪念：'三山五园'

---

① 《北京林大博士生朱强：探溯三山五园再现昔日盛景》，风景园林网，2022年1月12日，http://chla.com.cn/htm/2022/0112/278374.html。

② 《最美科技工作者 | 朱强：在图纸上"修复"古今巨变的"三山五园"》，央视网，2023年6月7日，https://people.cctv.com/2023/06/07/ARTIih2YRa0ddTTcMgSfaTJ3230607.shtml。

的乡愁记忆"展览引发广泛关注。展厅地面铺设的 40 平方米巨幅《1860 年"三山五园"复原历史地图》，还原了皇家园林及其周边环境的完整风貌。这种沉浸式的展示方式让观者仿佛穿越时空，亲临历史场景。此后，团队持续创新传播形式：2018 年推出双语纪录片《行走三山五园》和音频节目《三山五园，朕有话说》；2019 年出版专著《今日宜逛园——图解皇家园林美学与生活》，这部集学术性与科普性于一体的著作，通过大量原创图纸和历史图像，系统展现了"三山五园"的艺术成就与生活图景（见图 6-3-3、图 6-3-4）。

图 6-3-3　北京"三山五园"复原图

资料来源：朱强三山五园工作室网站。

2024 年，团队在"淀苑风华——三山五园历史文化展"中再次突破创新。展览以"园景大成""园居风尚"和"园脉承袭"三大主题，通过数字复原、实物展陈与多媒体交互相结合的方式，全方位呈现"三山五园"的历史文化价值（见图 6-3-5）。特别值得一提的是，展览与文化遗产保护数字化国际论坛同期举办，彰显了中国在文化遗产数字化领域的创新成果。

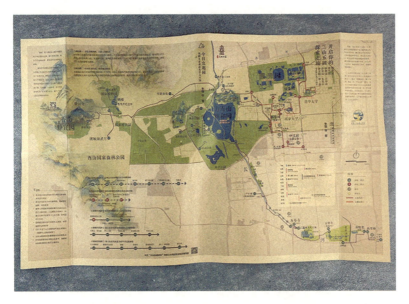

图 6-3-4　北京"三山五园"导览图

资料来源：朱强三山五园工作室网站。

图 6-3-5　"淀苑风华——三山五园历史文化展"现场照片

资料来源：朱强三山五园工作室网站。

　　该研究团队的工作不仅完善了"三山五园"系统研究，更开创了文化景观遗产向公众传播的新模式。其创新实践表明，数字技术不仅能提升研究精度，更能架起学术研究与公众认知的桥梁，让沉睡的历史焕发新的生命力。这种"研究—保护—传播"三位一体的模式，为新时代文化遗产的活化利用提供了宝贵经验。

第四节　本章小结

　　当代大量数字化遗产研究和实践集中于对遗产物质环境的模拟和记录，例如利用空间技术模拟遗产环境的过去、现在和未来，利用 VR 技术展现遗产中的物质要素，利用电脑游戏技术进行遗产可视化研究。但实践证明，单纯地记录遗产的物质环境已经无法满足当代遗产保护和管理的需求，仅靠对物质遗存的保护无法真正实现文化价值的可持续发展，文化遗产的复杂性为保护和管理实践提出了更高的要求。在这一过程中，平台化运营与文化科普成为连接专业保护与公众参与的核心纽带。

　　对于文化景观遗产这类特殊遗产类型而言，平台化运营面临着更为复杂的挑战。与单一建筑遗产不同，文化景观遗产的保护范围往往涵盖整个区域系统，既包括人工构筑物，也包含自然生态系统，还涉及当地社区的传统生活方式。这种多元复合的特性，使得文化景观遗产数字化平台必须具备更强的包容性与系统性。例如，红河哈尼梯田遗产区数字监管平台的实践案例。这一世界文化遗产地的数字化进程展现了如何通过技术手段应对复合型遗产保护的复杂性。该平台不仅精确记录了总面积达 82 万亩的梯田空间形态，并将哈尼族特有的"森林—村寨—梯田—水系"四素同构生态智慧融入系统设计。平台通过部署在遗产区内的数百个物联网传感器，实时监测梯田水位变化、土壤墒情等生态数据，同时结合卫星遥感和无人机定期巡检，构建起天地一体化的监测网络。这种动态数据采集方式突破了传统静态记录的局限，使保护者能够把握梯田生态系统随四季农事更替的微妙变化。然而，这类平台的可持续性仍面临严峻挑战，运维资金短缺导致部分项目沦为"数字废墟"，数据标准的缺失也使不同系统间难以实现资源共享，这些问题都亟待建立长效保障机制加以解决。

值得关注的是，在专业性极强的数字监管平台之外，还涌现出一批以科普传播为特色的创新实践。北京林业大学青年学者朱强及其团队对"三山五园"的研究就是其中的典范。团队以清代皇家园林集群为核心研究对象，却跳脱了传统建筑史研究的窠臼，创造性地构建了一套"时空折叠"的叙事体系。团队运用数字技术将散落在北京西北郊的静宜园、静明园、清漪园（颐和园）、畅春园和圆明园这五大皇家园林，连同香山、玉泉山、万寿山，重新编织为一个有机整体，通过数字地图的层叠比对，直观展示了这一区域从自然山水到帝王苑囿，再到当代城市文化景观的演变轨迹。这种整体性视角的建立，打破了公众对皇家园林的碎片化认知，使人们能够理解这些看似独立的园林其实是同一个文化生态系统中的有机组成部分。这些创新实践不以专题展览、科普读物、纪录片等多元形式进行传播，让文化遗产真正进入公众的日常生活。

从红河哈尼数字梯田到北京"三山五园"文化科普，这些案例共同揭示了一个重要趋势：文化景观遗产的数字化保护正从技术导向转向价值导向。未来的数字化保护需要构建更加开放、包容的生态系统，一方面要促进文物保护、数字技术、文化研究等领域的深度融合，另一方面要建立公众参与机制，让社会各界成为文化传承的主动参与者。

在这个过程中，平衡技术与人文、专业与普及、保存与创新之间的关系，将是数字化时代文化遗产保护面临的核心课题。只有让技术真正服务于文化价值的阐释与传播，才能实现文化遗产在数字时代的可持续发展，让跨越时空的文化记忆得以永续传承。

第七章

博物馆文化遗产资源的数字化保护
与传播应用研究

第一节　博物馆文化遗产资源的概念体系

一、博物馆文化遗产资源的定义

博物馆文化遗产资源通常包括物质文化遗产和非物质文化遗产两大类别。其中，物质遗产是指有形的文化财产，如文物藏品、历史建筑、遗址等；非物质遗产则是指以无形形态存在的文化表现，如传统技艺、表演艺术、口头传说等。联合国教科文组织 2003 年在《保护非物质文化遗产公约》中将非物质范畴纳入文化遗产定义，并强调社区群体在遗产传承中的核心地位。相较之下，1972 年《世界文化和自然遗产公约》聚焦的是有形遗产，这体现了早期遗产概念的局限和地域偏重。① 随着遗产观的发展，当代博物馆学者意识到并非所有人类文化成果都是有形的，因此博物馆逐渐拓展职责，关注对非物质文化遗产的展示与传播。博物馆会通过展演传统音乐、手工艺和口述史料等方式，使无形的文化记忆以有形方式呈现。然而，由于非物质遗产以人为载体、口传心授为主要传承方式，其数字化转换面临特殊挑战——如何将活态的技艺或口述传统以数字形式记录并再现其精神内涵。这种转化过程可能出现对原真性的损耗或断裂，如何在保护过程中避免"记录即僵化"的风险仍存在不确定性。

在物质文化遗产中，可细分为可移动文物与不可移动遗产。可移

---

① 《全球大众旅游背景下博物馆非物质文化遗产未来发展问题》，中国民族博物馆官网，2017 年 6 月，https://www.cnmuseum.10m/page_show.aspx?id=640。

动文物包括器物、书画、工艺品等馆藏藏品，不可移动遗产则是指不可搬迁的历史建筑、古遗址等。两者在数字化保护上具有不同特点和需求。

对于单件的可移动文物，博物馆多采用高精度三维扫描或摄影测量获取其形态和纹饰数据，并辅以高清摄影记录细节。例如，使用结构光扫描仪对青铜器、陶瓷等小型文物进行三维建模，可精确获取其几何形状；结合多角度高清照片复原其纹理和色彩，从而生成逼真的数字化模型。不可移动遗产如古建筑、石窟则采用三维激光扫描结合航拍影像等手段，对宏大的空间场景进行整体记录。以大型遗址为例，常用地面激光扫描获取高精度点云来记录建筑结构的空间特征，再通过无人机低空摄影测量捕捉纹理影像，最后融合这两类数据生成附有真实质感的三维数字孪生模型。这种"双管齐下"的方法已在故宫等实践中验证了对大型文物数字化的有效性。

需要指出的是，可移动文物与不可移动遗产数字化在数据处理和呈现上也有所区别，前者着重于单件文物精细信息的完整保存，后者更强调空间环境与文物本体的关联展示。比如，对一些古城遗址进行数字化，不仅要记录建筑遗存本身，还应包含周边环境、历史层位等背景信息，以便在数字平台上重构整体场景，提供沉浸式浏览体验。这种差异意味着博物馆在制定数字化方案时，需要针对不同遗产类型选择合适的技术组合和标准，以确保数字化成果既具科学精度，又能传达遗产的文化价值。

相比有形文物，传统戏剧、技艺、礼仪等非物质文化遗产由于缺乏实体载体，其数字化保存更具挑战性。博物馆通常通过影像录制、语音采集和文本记录等方式保存这类遗产。对一项传统技艺，博物馆可拍摄高清录像记录传承人演示技艺的过程，同时配以口述访谈记录技艺的历史渊源和文化意义。例如，对于史诗、民间故事等口头传统，可采用多媒体手段记录其吟诵者的声音与表情。这些数字记录需要后续进行整理和语义标注，以揭示其中蕴含的知识体系。然而，由于非物质遗产本身具有活态传承、不断演变的特性，数字化记录只能冻结其中某一时刻或某一版本，这可能无法完整体现其流变过程。因此，博物馆在数字化非物质遗产时，更加强调"过程档案"的建立，即持续追踪记录传承活动的变化，以累积多时相、多角度的数据，使数字档案更全面地反映非物质遗产的生命力。

随着数字技术的发展，博物馆开始重新审视遗产资源的价值构成。传统上，文物的价值主要体现在历史、美学和科学方面。但在数字时代，遗产资源被赋予了新的维度。通过数字化，原本沉睡库房的藏品可以"在线复活"，成为全球共享的公共文化资源，其教育传播价值被大大提升。数字技术还使得博物馆能够以全新方式诠释藏品，将分散的实物与背后的知识网络关联起来，提供超越时空的叙事体验。这实际上是对遗产价值的重构。过去仅存在于学者论文或展板说明中的知识，如今可以融入数字情境，让观众在互动体验中体悟遗产的多重意义。利用 AR，当观众观看某件青铜器时，可在屏幕或眼镜中同时看到它原始使用场景的虚拟再现，了解其功能用途和文化象征，从而深刻领会文物的社会文化价值。这种将文物本体价值与数字延伸价值相融合的方式，使文化遗产的价值得到了延伸和放大。总之，在数字化背景下，博物馆遗产资源已不再仅仅是收藏柜中的静态藏品，而是可以通过数字平台被动态解读和分享的知识载体，其"文化生产力"属性日益凸显。

二、中国博物馆数字人文发展历程

在世界范围内，数字化浪潮正持续推动博物馆行业向纵深变革，不仅深刻影响着博物馆遗产资源的保护方式，也逐渐重塑其传播途径和观众体验。而与其他领域的人文研究相比，国内博物馆对数字人文的聚焦却在相当长一段时期内显得滞后。直至 2016 年以前，大陆地区对数字人文这一学术前沿的介绍、讨论、研究和实践仍几乎处于空白阶段。然而，随着数字化与信息技术的迅猛发展，如何更好地利用深度数据与智能技术，实现文物和博物馆资源的有效保护与传播，已经成为不可回避的时代课题。

相较之下，台湾地区在博物馆数字人文的发展上起步较早。早在 2002 年，台湾 "行政院科学委员会"（2012 年后更名为台湾 "科技部"）便启动了 "数位典藏科技计划"，历经两期、为期十年的建设，共收集超过 560 万条数字化文物与相关信息，并建立了 700 多个网站及数据库。2016 年，台湾数位人文学会（Taiwanese Association for Digital Humanities，TADH）正式成立，积极推动数字人文的学术研究和应用实践。2009—2023 年，台湾地区已连续举办十四届 "数位典藏与数位人文国际研讨会"，并开发了诸多数字人文专题应用项目，如 "大家看展趣：结合行动 AR 与 GIS 的信息可视化设计之 App 开发""以科技接受模式探讨参观者对传统文物互动科技展览的认知、使用态度与行为意图""以群众外包建构虚拟社区、网络游戏、数字博物馆整合应用平台之研究" 等。① 这些案例为 "博物馆文化遗产资源数字化保护和传播应用研究" 提供了可借鉴的经验。

然而，也有学者指出，台湾博物馆数字人文在 "将数位人文深度应用于文物研究" 方面仍相对欠缺突破性成效，未来仍需结合新技术、新视野，为文物资源数字化与博物馆业务融合注入更多创新思路。与台湾地区在数字人文领域的步步为营形成鲜明对比，大陆博物馆界长期对数字人文知之甚少。但在数字化工作的不断推进中，人们

---

① 廖政贸：《台湾地区数字人文的发展历史、资源建设与研究热点》，《图书与情报》，2018 年第 6 期。

对深度数据和智能处理的重要性逐渐有了清晰认知,这也为后续"博物馆文化遗产资源的数字化保护与传播应用研究"奠定了必然发展方向。

早在 2001 年,由财政部与国家文物局共同主导的"文物调查及数据库管理系统建设"便已启动,并在全国范围内推行文物调查及基础数据库建设。截至 2010 年底,项目共采集文物数据 1 660 275 条,其中一级文物 48 006 条;累计拍摄文物照片 3 869 025 张,录入文本信息 3.05 亿字,总数据量达 15.16 TB。[①] 在此过程中,全国文物系统馆藏珍贵文物的家底初步得到全面梳理与数字化建档,为后续数字化工作的深入奠定了基础。然而,这一阶段工作的主要目标在于建立全国馆藏资源的数字化清单与信息数据库,对数据的颗粒度、关联度、结构化和语义化方面并未进行深入拓展,也尚未形成全国互联互通的数字化资源体系。2012 年,全国第一次可移动文物普查虽完成了更为广泛的数据库构建,却依然面临数据质量优化不足的难题。

2012 年,围绕"智慧博物馆"建设的探讨开始升温,业界逐渐意识到"知识关联化"对于数字化工作的价值。2015 年,时任国家文物局副局长宋新潮在《关于智慧博物馆体系建设的思考》中指出,应以多模态感知"数据"替代数字博物馆中相对集中、静态采集的"数字",并通过更深入与广泛的互联互通,消除"信息孤岛",从而形成智能化的博物馆运作体系。[②]

2014—2017 年,国家科技支撑计划"文物数字化保护标准体系及关键标准研究与示范"项目陆续出台了 62 项标准规范,由科技部和国家文物局牵头,并由北京大学、文博机构与元数据研究机构等协作完

---

① 《"文物调查及数据库管理系统建设"项目圆满完成》,国家文物局 2011 年 6 月 20 日,http://www.ncha.gov.cn/art/2011/6/20/art_722_109293_html。

② 宋新潮:《关于智慧博物馆体系建设的思考》,《中国博物馆》,2015 年第 2 期。

成，成为进一步推进文物数据标准化建设的重要尝试。同时，少数大型博物馆也在业务实践中就数字人文展开了初步探索，如故宫在官网典藏中进行知识元标引尝试、上海博物馆在《每月一珍》（后改名为《珍品精读》）栏目中融入知识点的串联与解读等，均可视为国内博物馆数字人文的早期萌芽。

2016 年，上海博物馆的刘健在《智慧博物馆路向何方？——以上海博物馆的数字化建设实践为例》中首次将"数字人文"理念带入大陆博物馆业界，并系统阐述了其对学科发展的重要价值。[①] 2017 年，他又在故宫主办的"传统文化×未来想象"之"文化+科技"国际论坛上以具体案例解答了"什么是数字人文以及它将为博物馆业务带来何种发展机遇"的关键问题。

2018 年，上海博物馆率先推出国内首个博物馆数字人文应用"董其昌数字人文展示系统"，将专题数据视为核心，以知识组织为抓手，整合多种数字人文工具，为现场辅陈与线上传播场景搭建了一个跨模态、可视化、可发现的交互式数字平台。该应用标志着数字人文学科正式进入大陆博物馆学研究视野，在理论与实践层面开启了里程碑。国内博物馆的数字人文探索尚处于起步阶段，不同地区与馆所之间在投入水平与实践深度上存在明显差异。有些重点馆由于起步较早、资源投入相对充足，积累了较为丰富的经验，但仍有需要检讨之处；而绝大部分博物馆对数字人文的认知和参与度仍显不足，亟待进一步提升。

---

① 刘健：《智慧博物馆路向何方？——以上海博物馆的数字化建设实践为例》，《上海艺术评论》，2016 年第 6 期。

第二节　博物馆文化遗产数字化保护的技术路径与实施框架

一、全生命周期数字化技术体系

博物馆文化遗产数字化保护需要构建覆盖采集、处理、存储、应用的全生命周期技术体系。这一体系通过整合多种前沿技术，实现从数据获取到知识应用的完整闭环，为文化遗产的永久保存和活化利用提供技术支撑。

数字化工作的首要一步是将遗产资源转化为数字数据。针对不同类型的文化遗产，博物馆采用多元化的高精度采集手段，如将三维激光扫描与数字摄影测量相结合，可同时获取文物的几何形态与表面纹理特征。北京大学研发的"高精度表观采集建模仪器"突破了传统成像技术的局限，实现了文物表面微痕和材质纹理的高维特征采集。多光谱成像技术则能揭示文物隐藏信息，故宫在书画修复中应用该技术成功辨析出覆盖层下的原始笔迹。对于非物质文化遗产，采用动作捕捉系统记录动态过程，为活态传承建立数字档案。

数据处理环节依托 AI 实现智能化转型。机器学习算法辅助文物修复与重建，如三星堆遗址采用 AI 辅助文物碎片拼接，大幅提升修复效率。自然语言处理技术实现文物信息的自动抽取与语义标注，计算机视觉技术完成图像分类与特征识别。这些技术创新显著提升了数据处理效率，为后续知识组织奠定基础。

二、跨模态资源整合与知识图谱构建

博物馆文化遗产数字化建设在推进过程中面临着海量异构数据整

合与知识价值挖掘的双重挑战，构建跨模态资源整合平台和文化遗产知识图谱已成为破解这一难题的关键技术路径。跨模态数据整合的核心在于突破传统单一数据类型的局限，将文本、图像、音频、三维模型、传感数据等多元异构数据进行有机融合，通过语义关联构建起系统化的知识网络。

在具体实践中，元数据标准化和本体架构的建立是基础性工作，欧洲记忆库（Europeana）数字文化平台的案例表明，采用统一的CIDOC CRM 等文化遗产描述标准，能够有效实现数千家机构藏品数据的互操作与一站式检索。我国文化和旅游部主导的全国文物资源数据库建设也遵循这一思路，推动各级博物馆在数字化过程中采用统一标准，为后续的资源共享奠定基础。在技术实现层面，需要综合运用自然语言处理、计算机视觉等 AI 技术，通过语义解析实现多模态数据的自动关联，如将文物图像与相关文字描述智能匹配，或将口述访谈转录文本与实物藏品建立知识关联。故宫开发的"中国古代可移动文物概念参考模型"是这一领域的典范实践，通过构建涵盖文物本体及其历史背景、艺术特征、材料工艺等多维度的语义网络，实现了从孤立数据点到知识链条的跨越式发展。

知识图谱作为实现跨模态整合的核心技术工具，其构建过程包含建模、抽取、融合和推理四个关键环节。建模阶段需要兼顾本体论的知识表达深度与元模型的数据整合广度，采用实体-关系模型来呈现复杂的文化知识网络。抽取环节依托先进的 AI 技术实现自动化处理，但需要特别关注跨源数据的冗余消解和实体对齐问题，图嵌入和注意力机制等算法在此过程中发挥重要作用。现代知识图谱系统更强调动态演进能力，通过定期数据更新和用户反馈学习机制，确保知识体系与博物馆研究进展同步更新。

值得关注的是，数字孪生技术的引入使静态知识图谱升级为虚实融合的动态系统，通过实时传感器数据与历史知识的交互映射，为文化遗产监测保护提供智能化决策支持。从发展现状来看，跨模态资源整合与知识图谱技术已从理论探索走向规模应用，成为衡量博物馆数字化转型水平的重要指标。

展望未来，随着 AI 技术的持续突破，文化遗产知识图谱将朝着自动化构建、智能化演进、全球化互联的方向发展，最终形成支撑人类文明传承创新的数字基础设施。这一进程不仅需要技术创新，更需要跨学科协作和标准共建，通过技术赋能真正实现文化遗产数字资源从保存到活用、从孤立到关联、从封闭到共享的根本性转变。

第三节　博物馆馆藏文化遗产资源的数字拓展与传播应用路径

一、博物馆数字人文研究路径与创新实践

当前博物馆数字人文研究正呈现出技术驱动与问题导向的双重特征，其核心在于运用数字化手段破解博物馆研究与业务实践中的现实难题。这一领域的技术探索已从单一的数字转化迈向系统性解决方案的构建，形成了涵盖数据采集、知识组织、可视化呈现、智能服务等全链条的技术体系。

在藏品图像研究方面，北京邮电大学文化计算团队开发的传统纹饰演化关系发现与可视化技术颇具代表性。该技术突破了载体形态的限制，可同时处理平面、类平面（浮雕）及三维载体上的纹样提取与矢量化需求，不仅为博物馆图像元素的解构与分析提供了数字化工具，更为文创开发开辟了新途径。类似的技术创新还包括西北大学李遥团

队研发的墓室壁画信息可视化系统以及武汉大学针对敦煌壁画开发的时空分析平台，这些研究共同推动了文物图像从静态保存到动态解析的范式转变。

时空维度的数字人文研究在博物馆领域展现出独特价值，HGIS 等技术为历史文化变迁提供了直观的呈现方式。陈岩岩开发的古代人物关系及地理信息分布可视化系统，通过时空坐标系的建立，实现了历史人物活动轨迹的动态重构；南京大学团队构建的良渚古城遗址数字可视化平台，则融合了考古学数据与地理信息技术，再现了史前文明的聚落形态与空间格局。这类研究不仅深化了我们对历史空间的认知，更建立起考古发现与文化阐释之间的数字桥梁。

在数字化展示技术方面，混合现实、知识图谱等创新应用正在重塑博物馆的展陈方式。天津大学研发的基于知识图谱的文物知识组织系统，通过多感知通道技术实现了文物关联知识的沉浸式展示；侯西龙等学者提出的文化遗产图像远读可视化方案，则为宏观把握艺术风格演变提供了新的研究方法。这些技术突破使得文物展示从单向传播转变为交互体验，从实体空间延伸到虚拟环境，大大拓展了博物馆的教育功能与传播边界。

面对博物馆数据海量化、异构化的挑战，众包协同模式展现出巨大潜力。上海图书馆历史文献众包平台的实践表明，通过合理设计任务流程与质量控制机制，公众参与可以显著提升文化遗产数字化的效率与质量。赵宇翔团队的系统研究进一步论证了众包模式在文物鉴定、文献转录、图像标注等场景的应用价值，为构建开放共享的文化遗产数字化生态提供了理论支撑。

AI 技术的迅猛发展为博物馆数字人文注入了新的活力。刘健关于 AI 与博物馆数字建设的论述揭示了计算机视觉、自然语言处理等技术在文物修复、智能导览等方面的应用前景；故宫开发的"中国古代可移动文物概念参考模型"则探索了知识图谱与机器学习在藏品知识组织中的融合应用。这些创新实践正推动博物馆从数字化向智能化转型，使文物资源的价值挖掘达到前所未有的深度和广度。

综合来看，博物馆数字人文关键技术研究呈现出三个显著趋势：一是技术集成度不断提高，单一技术解决方案正让位于系统化技术体系的构建；二是应用场景持续拓展，从后台研究工具延伸到前端服务创新；三是人机协同日益深化，专家智慧与AI形成优势互补。这些趋势共同预示着博物馆数字人文研究正进入一个以智能化为特征的新发展阶段，其技术成果不仅将改变博物馆的工作模式，更将重塑公众与文化遗产的互动方式。

未来，需要重点关注技术应用的伦理边界、数字资源的长期保存、跨机构数据共享等关键问题，以确保技术创新真正服务于文化遗产的保护与传承。

二、博物馆馆藏文化遗产资源的数字拓展与传播应用研究

数字时代带来了全新的遗产资源形式，其中之一便是原生数字档案，即由数字技术直接生成的遗产记录。如同摄影术在19世纪为博物馆留下大量文物照片一样，今天的三维扫描和高分辨率成像正在创造前所未有的数字遗产档案。这些数字档案本身具有独立价值：它们既是文物信息的载体，也是研究者分析、公众教育的新型资源。值得注意的是，原生数字档案的产权归属问题正引起关注。当博物馆或第三方机构对文物或遗址进行数字扫描后，所得数据的使用权归谁，值得探讨。一篇刊登于《通信协会会刊》（CACM）的评论指出，这是数字时代面临的棘手问题之一，需要各方在项目伊始即明确权利归属，以避免后续纠纷。一些实践机构采取了协商共享的方式，当自筹资金的

企业扫描文化遗产时，通常会与遗产所在地政府约定数据共享方案，使相关国家能够使用这些数据进行宣传教育。中国也在逐步明确数字档案的权属边界。国家文物局于 2021 年发布《博物馆馆藏资源著作权、商标权和品牌授权操作指引》，旨在厘清博物馆藏品数字资源的法律权利和政策边界，保障各方权益。该指引的贯彻实施，有助于规范社会力量参与文物数字化工作的行为，为原生数字档案的产权问题提供制度保障。① 因此，在数字时代，博物馆要扮演文化遗产数字化的实施者，需成为数字资产管理的先行者，确保数字档案在法律和伦理层面得到有效保护与利用。

除了直接获取的数字档案外，博物馆还通过数字技术"再生"出许多新的文化资产。依据考古资料创建的虚拟复原模型、根据馆藏碎片拼合的数字修复品，以及各种数字展览中呈现的虚拟情境，都是再生的数字文化资产。这些资产虽非原物，但凝聚了研究与创意，蕴含重要的文化与学术价值。典型案例是对考古遗址和历史建筑的虚拟复原，利用出土遗迹的数据结合专家考证，重建遗址的三维数字模型，让观众可以"漫步"史前城邑或古代宫殿。在良渚古城遗址的数字实验厅中，研究者基于考古发现重建了莫角山宫殿区的虚拟场景，观众戴上 VR 头显即可身临其境地参与良渚先民的祭祀典礼，直观感受其社会信仰体系。

例如，通过数字技术复原被损毁的文物形态也是博物馆的重要实践——三星堆遗址出土了大量破碎青铜器，研究者正尝试借助 AI 算法将碎片在虚拟空间中重新拼合，复原青铜立人像等器物的原貌（这一探索目前尚在实验阶段，可能存在不确定性）。数字资产的权属界定在此领域同样突出：虚拟模型往往由博物馆与科技团队合作产出，涉及

---

① 《国新办举行博物馆改革发展〈指导意见〉新闻发布会》，新华社网站，2021 年 5 月 25 日，https://www.gov.cn/xinwen/2021-05/25/content_5612060.htm。

版权归属和利益分享问题。如果完全按照著作权法，它们属于创作作品，应由创作者享有版权。但考虑到模型基于文物衍生，文物原件的所有者（国家或博物馆）是否对数字复原品也拥有某种权利，对此各国实践不一。

英国有学者讨论了 3D 扫描数据和数字复原的所有权，指出可能需要在法律上赋予遗产所在地一定的数字主权，以平衡保护与开放之间的关系。中国在这方面已开展探索，上述国家文物局指引以及"数字文物资源产权保护"项目都在尝试明确数字资源的权利归属。[①] 国家博物馆牵头的"博物馆联盟链"项目正在开发数字文化资源的产权保护中间件，为博物馆间共享数字藏品数据提供可信的权益保障机制。这些举措表明，博物馆再生数字资产的管理正逐步走向专业化和规范化。未来可能会衍生出更多纯数字的文化产品（如数字艺术品、博物馆 NFT 藏品等），这将进一步扩展遗产资源的范畴，也对权属界定提出更高要求。

总而言之，数字时代的遗产资源已不局限于实体文物本身，还包括围绕文物生成的大量数据和数字作品。这些新范畴既丰富了文化遗产的表现形式，也需要通过政策与技术手段加以保护和规范，使其真正服务于文化传播与社会共享。

一件文物终究逃不过岁月侵蚀，再精良的保护也无法完全阻止材料老化、颜色褪变或虫霉损坏。然而，数字化为文物提供了某种"永生"的可能——高精度的数字副本可以永久保存且不受物理环境影响。因此，数字化被视为应对文物物理衰退的根本策略之一。

敦煌莫高窟壁画随着时间风化剥落，而通过数字摄影测量和三维建模，可将壁画的现状乃至历史修复记录完整保存，使其在数字空间

---

① 《科技赋能馆藏资源活化　重点实验室获批三项科研项目》，中国国家博物馆官网，2022 年 12 月 6 日，https://www.chrmuseum.cn/yj/kydt/202212/t20221206_257749.shtml。

中长久"存活"下来。例如，一些珍贵的书籍字画原件因脆弱少展，但其高清扫描影像可反复阅览而不对原件造成损耗。这种"数据永生"与"实体易逝"之间的强烈反差，凸显出数字化保护的必要性。然而，需要辩证看待的是，数字档案本身也需要持续的维护升级，例如格式迁移、存储介质更替等，否则也可能面临"数字遗忘"。因此，业内提出数字保存规划（digital preservation planning）的概念，要求博物馆在生成数字资源的同时，制定长期保存策略，确保数字资产历经技术变迁仍可读取和利用（这一任务的复杂性提示我们"数据永生"并非自动保证，仍需投入资源管理，可能存在不确定性）。尽管如此，相对于不可逆的文物自然老化，数字化无疑提供了一个令文物信息潜在长存的维度。这种悖论实际上转化为动力：正是因为实体有限生命，才更加凸显出数字永续保存的重要价值。

除了自然老化，突发灾害对文化遗产的毁灭性打击更令人警醒。世界各地多次发生博物馆火灾、地震等造成藏品损毁的惨痛事件，促使文博界反思应急保护机制。数字化在此方面具有独特作用：提前为重要藏品建立数字备份，可在实体损毁或遗失后，至少保留其信息与影像。例如，巴西国家博物馆 2018 年遭遇大火，大量藏品化为灰烬。但值得庆幸的是，部分藏品曾通过数字手段记录，一些馆藏昆虫的高清照片和古籍的扫描件使研究资料得以保存。这一案例充分说明数字备份的价值。

在我国，故宫等机构已为馆藏书画建立了系统的数字档案库，一旦原作遭意外损坏，这些数字副本可为修复和研究提供依据。国家层面亦非常重视文物的灾害预案，《"十四五"文物保护和科技创新规划》提出，要推进馆藏文物数字化登记和档案备份，完善文物身份信息数据库，以增强抵御风险的能力。

数字化不仅是为了服务展示，也是文物安全的"最后一道防线"。

拥有数字化档案的文物，即便实体消失，其文化信息仍然流传，这是对抗不可测灾难的一种智慧之举。可以说，在数字技术时代，"为文物留一个数字影子"已经成为文博行业的共识和责任。

数字技术对文化传播方式的改变是革命性的，这也构成了推动博物馆数字化的强大动力。传统上，博物馆主要通过展览陈列和教育活动向现场观众传播文化。然而数字时代赋予了博物馆"无限延展"的可能：通过互联网，博物馆可以将资源传播至全球各地，突破了时间和空间的限制。尤其在新冠疫情期间，数字传播的重要性愈发凸显。2020 年起全球博物馆临时闭馆，但许多机构迅速转向线上：举办虚拟展览、直播导览、数字互动体验以保持与公众的联系。[①] 研究表明，疫情迫使全球博物馆加快了数字化转型进程，用线上开放来弥补线下闭馆的影响。

国内有报告指出，在疫情背景下，文博数字内容呈爆炸性增长，全国调查的文物数字化比例在 2021 年达到 44.11%，珍贵文物数字化率达到 67.82%。观众也养成了在线获取文化内容的习惯。这一现象被称为文博传播的"内容时代"来临，即各类文化资源通过数字内容形式被分享和消费。与之对应，博物馆的角色也在转变，从实体参观的提供者，拓展为数字文化内容的生产者与平台。中国国家博物馆开发了系列线上展览、小程序导览，并与央视、网络平台合作推出数字节目，使得"云看展"成为常态。据报道，2020 年全国博物馆共举办线上展览 2 000 余场，观众点击浏览量以亿次计（由文化和旅游部统计）。可以预见，这种传播范式的变革将持续塑造博物馆的功能定位。数字化保护与传播已经相互促进：数字技术一方面保护了遗产信息，另一方面也极大扩展了传播受众，提升了公众参与度和文化认同感。有文化

---

① 唐钦芸：《互联网背景下我国数字博物馆现状分析与发展策略研究》，《运筹与模糊学》，2025 年第 1 期。

经济领域专家明确指出，"没有实现数字化，文物活起来的目标就只是空中楼阁"，难以走向公众、走向世界。可见，数字化已成为博物馆履行教育传播使命的必要手段，也是建设文化强国、推动中华文化走出去的重要支撑。

在国家政策层面，近年来不断强调发展"智慧博物馆"和"数字文化遗产"。例如，《关于推进博物馆改革发展的指导意见》（2021）就提出，要加强数字化建设，推进馆藏文物数字资源开放共享，创新展陈传播方式。文化和旅游部也部署了"文化遗产数字化战略"，把数字技术纳入文物保护利用全流程。这一系列举措皆源于对数字化必要性的深刻认识：数字技术之于文化遗产，已不仅是辅助工具，而是新时期保护与传播工作的"最优方式"。博物馆唯有拥抱这一趋势，才能更好地实现"保护好、传承好、利用好"文化遗产的时代使命。

第四节　博物馆数字遗产典型应用场景与创新实践案例

一、故宫数字遗产应用案例

故宫是我国博物馆数字化领域的先行者与引领者，其数字化建设起步时间早、整体规划全面、资金与技术投入充足，并在成果转化方面取得了广泛好评。虽然其专门面向数字人文的项目并不算多，但少数与数字人文理念相契合的应用展现出相当高的质量，为国内其他博物馆的数字化与数字人文实践提供了有益借鉴。

1998—2019年的二十年间，故宫逐步构建了从底层网络到数据采集、再到应用研究的数字化建设体系，尤其注重对藏品数据系统的搭建和持续完善。为确保文物数字化采集与管理的一致性，故宫在藏品系统构建初期就同步建立了一整套标准化流程与描述元数据规范，并辅以控制词表。该元数据规范参考国家文物局制定的藏品信息指标体系，并结合故宫自身管理实际与文物使用需求，细分为 33 个适配不同类别文物的描述元素；相应的控制词表也按照不同文物种类进行关联，保证了文物信息的精确检索和高效管理。在影像数据层面，故宫同样制定了相应的元数据标准。十余年间已覆盖 251 个文物小类、约 75 万件（套）藏品，以及超过 180 万张影像资料，从而实现了多维度文物影像数据的规范化管理与深度应用。

2009 年，故宫官网改版后，即在典藏数据中添加了知识元标注，虽然当时并非以数字人文名义开展，但此类对文物信息的跨链接和深入标引，实际上与数字人文所倡导的关联性思维不谋而合，为公众的线上浏览和多维检索创造了更为丰富的内容。之后，故宫在长期数据建设与技术积累的基础上，逐渐催生出若干数字化应用成果，部分实践已初步体现出数字人文研究理念的精髓。2015 年上线的《故宫名画记》是故宫官网下的古代绘画高清图鉴赏栏目，为用户提供包括高清图像、音视频导览与文本资料在内的多维信息。截至 2019 年，已有 1 002 幅馆藏珍品上线，实现了超高清图像的无级缩放、作品与作者/流派/研究文献的交叉检索等功能，极大地拓展了研究者和普通观众的数字化体验。更值得注意的是，其开放了部分标注与评论功能，兼具类"众包"特征，进一步加强了用户互动与资料共建（见图 7-4-1）。

2019 年推出的"数字文物库"已向社会公开 8 万余件馆藏的基本信息与影像，累计浏览量超 3 000 万次。在海量数据集上，故宫结合文化和旅游部"文化艺术和旅游研究项目信息化发展专项"，尝试利用知识图谱技术打破关键词精确匹配的限制，提升检索与关联度。首先，

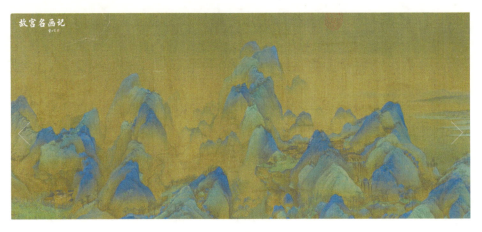

图 7-4-1 《故宫名画记》站点

资料来源：故宫官网截图。

CRM-ACA 顶层模型，遵照 ISO 21127：2014（信息与文献——文化遗产信息交换的参考本体）与国家标准《信息与文献 文化遗产信息交换的参考本体》（GB/T 37965-2019），故宫构建了"中国古代可移动文物概念参考模型"（CRM-ACA）作为知识组织的顶层框架。其次，运用"中国古代可移动文物叙词表"，与 CRM-ACA 模型相配合的叙词表目前已累积了 24 000 余条词汇，涵盖类别、纹饰、工艺、人物、场景等维度，用于人机协作下的藏品数据标注。通过这一模型与叙词表结合，数字文物库的检索可跳脱单一词汇匹配，使用户能在不同概念间灵活跳转，进而获得更加丰富多元的信息网络（见图 7-4-2）。

从硬件到软件、从数据采集到元数据规范，故宫始终坚持"基础为先、整体规划、长线发展"的策略，这种持续投入为后续数字人文延伸奠定了坚实根基。《故宫名画记》等栏目，将深度藏品信息与多媒体、用户互动结合，形成了兼具知识性与参与度的新型数字化传播模式，为更多中小型博物馆提供可复制、可借鉴的思路。借助知识图谱与语义关联技术，故宫尝试从传统的"文物信息管理"向"知识网络构建"转变，暗示了数字人文赋能博物馆资源在传播与研究上的深层

图 7-4-2 故宫数字文物库

资料来源：故宫官网截图。

次价值。通过故宫对数字化体系的持续打造与数字人文探索的渐进性成果，可以窥见"高标准、强基础"的数字资源建设对后续多样化应用的重要意义。

在"博物馆文化遗产资源的数字化保护与传播应用研究"这一主题下，故宫的实践经验提示我们：只有在坚实而系统的数据基础之上，才能让知识图谱与语义关联等数字人文手段最大化地发挥其传播与研究价值，为公众提供更具深度与广度的文化体验。同时，如何让更多博物馆共享并受益于这些技术与理念，也将是未来行业整体发展的关键所在。

二、扬州中国大运河博物馆数字遗产应用案例

扬州中国大运河博物馆坐落于历史悠久的大运河沿岸城市——扬州，其定位在于全面呈现与弘扬中国大运河的历史演进、文化内涵与现代价值。自 2021 年正式对外开放以来，该馆以"传承与创新并举"

的理念，致力于将传统博物馆的文物保护与数字化时代的信息技术手段相结合，通过多元化的展陈模式与深度的数字资源整合，向公众和学界提供了一个聚焦大运河文化的全新观察视窗。扬州中国大运河博物馆在筹建与营运早期就强调"基础为本、规划为纲"的理念，力图借助数字化手段实现文物、文献与学术研究等多重资源的系统管理与开放共享，为"博物馆文化遗产资源的数字化保护与传播应用研究"提供具有示范性的实践案例。

扬州中国大运河博物馆位于三湾古运河畔，周边被生态文化公园环抱，湿地风光与深厚人文内涵相得益彰，建筑与自然景观在此融为一体。馆区整体由展馆、馆前广场、内庭院、今月桥以及大运塔五大部分组成，并在展馆外围设置浅水面，使建筑在不同角度都能映射出临水倒影的独特景致。其中，大运塔不仅为访客提供了俯瞰古运河风貌的视野，更可远望运河智慧的体现——"三湾抵一坝"景观。与此相呼应，博物馆大运塔、背面的文峰塔、南面的高旻寺天中塔在空间轴线上形成"三塔连一线"的布局，与"三湾抵一坝"共同营造出别具一格的文化意趣。

值得关注的是，在当前"博物馆文化遗产资源的数字化保护与传播应用研究"的背景下，大运塔等观景高点既能让大众感受千年运河的空间格局，也为数字化采集与立体化展示提供了新思路。例如，航拍、全景摄影和 VR 技术的结合，可进一步拓展对运河沿线遗产与自然生态的数字化呈现方式，强化对场域文化精神与多维空间信息的整合与传播。由此，不仅能够满足公众在实体与数字层面的多重体验需求，也为后续运河文化资源的保护与传承提供了更加立体化、可持续的技术支撑。

与传统博物馆相比，中国大运河博物馆在展厅高度设计上更灵活，通过将层高划分为 7 米、11 米和 14 米，为不同展厅功能提供了多样空间。比如，"因运而生"展厅采用 11 米层高，可容纳三层楼高的复原古建筑，使空间层次更富变化。另一个 14 米层高的展区则呈现出三种独特视角。游客先在沙飞船内部，通过窗格远望，仿佛回到古代运河航运的繁盛景象；走到船头时，周围的沉浸式全景让人仿佛真的身处古代航道；而位于观景台时，可以从高处一览沙飞船的整体效果，渐渐抽离沉浸体验。这一灵活的空间设计，也为"博物馆文化遗产资源的数字化保护与传播应用研究"奠定了良好的基础。通过 VR/AR 对复原建筑与运河场景进行扫描、建模和可视化，更多公众能够跨越时空，在线上感受大运河的深厚文化底蕴与历史魅力（见图 7-4-3）。

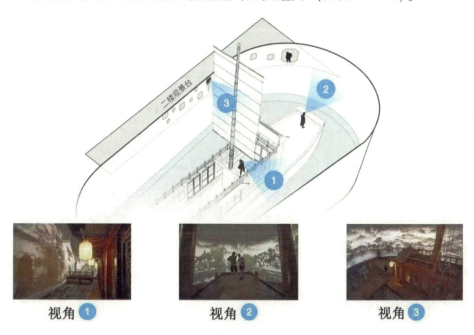

图 7-4-3 中国大运河博物馆多视角图示

资料来源：飞来飞去 Xenario 网截图。

为打破时空限制，馆方在线下常设展览的基础上，积极建设与完善"数字大运河博物馆"平台，实现全景虚拟展厅、线上专题展与多媒体课程等功能。通过 AR/VR，观众可远程"漫游"运河沿线的重点文物与景观节点，为运河文化的普及与传播开启了新的可能性。它将沉浸式数字体验融入展陈，生动演绎千年运河的历史人文之旅。该馆著名的"舟楫千里"展厅，创造性地结合了实物船模与多媒体投影互动。在探讨中国大运河博物馆的沉浸营造时，该馆特别注重"沉浸体验设计"与"数实融合"，通过多样化技术手段让参观者仿佛置身于古运河盛景之中。Xenario 飞来飞去团队在打造"运河上的舟楫"与"河之恋"两大展览时，运用了互动屏、360°环幕和 AR 增强场景等数字技术，虚实结合的方式使观众感受到亦真亦幻的空间体验。其中，"运河上的舟楫"既强调"缩"与"放"两个维度来打造别样的观感，又借助图文、模型、触摸屏和 AR 互动装置重现千帆竞渡的壮观场景。展览通道被设计成蜿蜒的"运河"，多类舟楫沿途排列，参观者可与 AR 显示屏交互，让古运河的动态氛围在眼前再现，从而更直观地了解舟楫设计的优势与巧思。这种虚实融合的"沉浸式体验运河盛景"方式，不仅在博物馆参观过程中营造了浓厚的互动与参与感，也为"博物馆文化遗产资源的数字化保护与传播应用研究"提供了可借鉴的实践范式（见图 7-4-4）。观众步入展厅时，会看到实物比例的古代运河船模型陈列在水面舞台上。通过地面投影和墙面环幕，展厅模拟出了流水荡漾、两岸市集繁荣的景象。当观众踏上展厅中心的仿真码头，脚下的投影水波会随着脚步涟漪，耳边响起船工号子和水鸟鸣叫，仿佛真的置身于古运河之中。

在展厅内，一艘按 1∶1 比例复原、全长 20 米的沙飞船成为亮点。观众可登临其上，配合四周的环幕影片，获得"随船巡游"的沉浸感。船舱内配有运河饮宴、民间曲艺等媒体互动投影，以及平衡舵操作杆、运河地图互动卷轴等装置，增强沉浸感。船外甲板采用 360°环幕三维重构，画面内容取材自古画中的运河沿岸风光与人文景观：从杭州的市井繁华，到苏州的戏文唱腔，再到扬州的运河婚礼，观众宛如亲历昔

图 7-4-4　舟楫展品展示空间

资料来源：飞来飞去 Xenario 网截图。

日盛景（见图 7-4-5、图 7-4-6、图 7-4-7、图 7-4-8、图 7-4-9）。另一处 "河之恋" 展览分为 "水" "运" "诗" "画" 四个部分，打造了 540°全沉浸式互动影院。顶部挂有半透明凉亭廊形，四面环绕投影如同

图 7-4-5　通过 AR 实现知识点的趣味性传播

资料来源：飞来飞去 Xenario 网截图。

流水倾泻，配合360°巨型环幕与地面互动投影，共同构筑奇幻空间。展厅使用14台投影（约1 200平方米投影面积），并通过"预制影片+实时渲染"的方式与红外图像采集设备、30声道音响系统结合，让水波随游客脚步荡开，带来更具互动性的沉浸体验（见图7-4-10）。

图7-4-6　运河饮宴互动展项

资料来源：飞来飞去Xenario网截图。

图7-4-7　通过AR技术实现知识点的趣味性传播

资料来源：飞来飞去Xenario网截图。

图 7-4-8　沙飞船互动过程

资料来源：飞来飞去 Xenario 网截图。

图 7-4-9　环幕互动空间

资料来源：飞来飞去 Xenario 网截图。

在"场景交互"环节中，中国大运河博物馆通过"沉浸式感知运河生活"来再现古运河的独特文化与人文魅力。"因运而生——大运河街肆印象"展览以"古街巷实景复现+虚拟科技体验+经营性业态"结

图 7-4-10　中国大运河博物馆效果图

资料来源：飞来飞去 Xenario 网截图。

合的方式，复原了中原、燕京齐鲁、江淮、江南四大运河流域的典型
街巷格局，街区全长约百余米，囊括书坊、茶馆、工艺与美食等多种
业态。LED 天幕每二十分钟循环播映阴晴变幻的运河景象，并以虚拟
雨滴汇入街边小河，让游客可在临河商铺内伸手触摸雨滴，从视觉、
触觉等多维角度获得更深层次的沉浸体验。在此基础上，"游戏互动，
次元体验运河生活"的设计让游客扮演"监水司使者"，依照《监水司
密案》"卷宗"线索进行闯关。场景内共设 50 余个互动装置，结合真实
比例与虚拟媒体的沉浸式氛围，实现"不断戏"的代入感。馆方将运
河航运、船舶驾驶、漕粮仓储以及水利知识融入解谜中，让公众在娱
乐中学习运河文化，并通过配套的"探索大运河"H5 程序查看排行榜
或将成果分享至社交平台。这些多元化的交互与数字体验方式，对于
"博物馆文化遗产资源的数字化保护与传播应用研究"而言，同样具有
重要的启示意义（见图 7-4-11）。

图 7-4-11　探索大运河 H5 程序

资料来源：飞来飞去 Xenario 网截图。

相较于只重视安全与功能的传统博物馆动线设计，中国大运河博物馆在参观线路中融入了更多趣味与游戏元素，将沉浸式体验展厅与传统静态展览巧妙融合。通过交叉布局常设展览、专题展览、数字化沉浸式体验展、临展以及虚拟展厅，营造出富有节奏感的观展动线，让游客在情绪与视觉体验方面不断变化起伏。同时，"大明都水监之运河迷踪"主题展厅还采用故事线索作为引导，并运用数字媒体技术搭建出极具沉浸与互动魅力的参观路径，为观众带来了耳目一新的观展体验（见图 7-4-12）。

扬州大运河博物馆的成功之处在于创新诠释与多感官融合，秉持"让文化活起来"的理念，持续探索展览策划的新路径，以科技拓展遗产诠释的边界。扬州大运河博物馆通过 AI、VR、全息投影等技术，将运河文化的物质遗产（船只、桥梁、城墙等）与非物质遗产（漕运制度、商旅故事）有机结合，在数字空间里重新讲述运河的辉煌和人民的生活。这种数字沉浸式展览模式大大提升了观众的参与度和记忆点。据统计，2023 年，该馆接待观众 420 万人次，成为运河文化的"金名

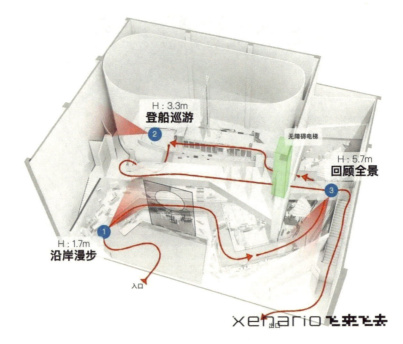

图 7-4-12　流线型参观模式

资料来源：飞来飞去 Xenario 网截图。

片"。扬州大运河博物馆的案例表明，主题类博物馆可以充分发挥数字技术的优势，将线性叙事转变为场景体验，通过跨界融合提升展陈效果，实现文化传播与旅游休闲的有机统一。

三、上海博物馆数字遗产应用案例研究

上海博物馆（以下简称上博）是国内最早将数字人文理念引入并付诸实践的博物馆之一，这与其在数字化建设过程中始终坚守"知识传播"为核心任务的原则高度契合。早在数字人文概念尚未普及之前，上博就非常关注数字化传播中的内容构建，致力于深度挖掘并表达藏品数据的多重维度与多样价值，并逐步为后续的数字人文应用提供了坚实基础。

2014 年，上博首度推出了以"数字牺尊"为核心的多媒体展示项

目。该项目通过动画演示、三维展示和 AR 展柜等技术手段，为观众创造了虚实交织、多模态数据融合的互动式体验：既可观看文物的实物形态，又能从图像、文本、视频及数字模型等角度获取文物深层次信息。2015 年，上博进一步在官网升级了这一展示思路，推出国内首个基于单体文物进行线上多媒体呈现的栏目《每月一珍》，借由"脱离器物实体，通过数据梳理知识"的方式，实现了对藏品外延与内涵的系统表达，引发业界对数字化应用前景的思考。

2017 年，上博官网推出"遗我双鲤鱼：上海博物馆馆藏明代吴门书画家书札精品展"网络展览（简称网展），首次以数字人文的方法为切入点进行整体策划。该网展设置了两个入口——"见字如面"与"云中谁寄锦书来"，分别通过关键词云图与人物关系动态网络进行导流（见图 7-4-13）。这些基于简单数据工具的可视化入口，正是数字人文常见技术在博物馆展陈中的有效尝试。

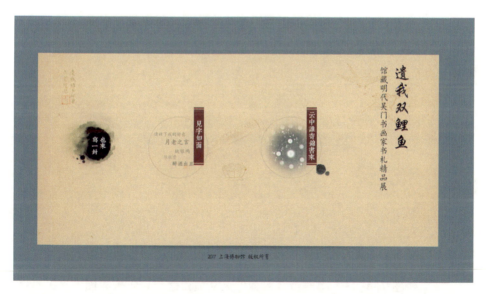

图 7-4-13 网展"遗我双鲤鱼：馆藏明代吴门书画家书札精品展"页面
资料来源：上海博物馆官网。

2018 年，上博进一步推出"董其昌数字人文综合展示系统"，借助文本分析、图像分析、社会关系分析、时空分析以及 GIS 等手段，构建了一个完全以数据为基础的叙事体系。这种多维度、可学习、可探索、可重构的呈现方式，巧妙融合了宏观叙事与具体案例，打破了传统博物馆展陈的限制。该项目也被视为国内博物馆数字人文实践的正式发端，至今仍拥有很高的研究价值（见图 7-4-14、图 7-4-15）。

图 7-4-14　网展董其昌数字人文项目之机器学习界面

资料来源：上海博物馆官网。

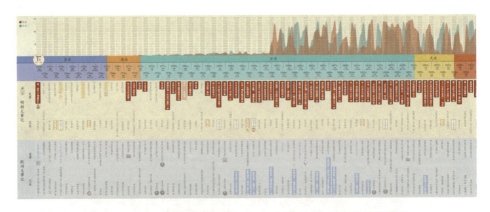

图 7-4-15　网展董其昌数字人文项目之大事年表界面

资料来源：上海博物馆官网。

此后在持续深耕数字人文的过程中，上博相继开展了多个创新项目，为"博物馆文化遗产资源的数字化保护与传播应用研究"提供了重要参考。2020年，"赶上春——江南文化数字专题"这一网展聚焦江南文化的核心与辐射区域，以时空地理、社会关系分析和可视化技术为基点，展现五千年来江南文化的流变历程。更进一步的是，该项目尝试利用AI实现古画与现代风景照片之间的风格迁移，并设计了"我与古人共画江南"游戏，增强公众的互动体验与认同感（见图7-4-16）。

图7-4-16 "赶上春——江南文化数字专题"展互动板块

资料来源：上海博物馆官网。

当下博物馆的数字化转型已在基础设施与技术应用层面取得相当进展，但常见的"沉浸式"或"网红式"数字展示往往偏向感官娱乐，容易忽略博物馆最核心的"知识生产与传播"任务。上博以"后疫情时代"的博物馆数字实践为切入点，提出需要通过"知识化"与"数字化"融合，为观众提供更高层次的文化和学术体验。由此，上博在继"董其昌数字人文综合展示系统"取得良好反响之后，进一步推出了"宋徽宗与他的时代数字人文专题",力图打造一种兼顾深度阐释与多学科融合的创新案例。

2021年"宋徽宗和他的时代数字人文专题"为探索更广阔的数字人文研究领域,上博从书画文物的多方面属性出发,结合人、事、物、时空和社会维度实现知识化、结构化与可视化的交叉呈现。项目在对宋代书画文物进行系统化梳理与数据映射的同时,也对本地标准化术语和国际元数据标准"艺术作品描述类目(CDWA)"进行了比对,初步构建了书画文物知识图谱,并拟定了《书画类文物知识组织表达模型规范》的行业标准文稿。通过延续"董其昌数字人文综合展示系统"中对AI的运用,该项目在视觉主题元素、印章、题跋内容等多方面进行信息提取与语义化聚类,进一步提升了数据智能关联与交互呈现的水平。在综合主页以动态时空地图形式作为系统总入口,呈现海量宋代文献、实物及研究成果的数字整合。时间与空间交织,人物、事件与实物多点联动,为观众提供一览式、关联式的知识导航。有别于传统"以藏品为中心"的线性浏览方式,强调了数据关联与可视化检索的交互性(见图7-4-17)。在"大事"版块采用"图谱化总览页面"与"时空地图页面"两种形式,突出北宋末期重大历史事件的因果关联与空间分布。从政治、经济、文化三个横切面分析宋徽宗时期的核心议题,如和战、灾异、文艺等。将"欧洲与中国的同期发展"并列呈现,对比出北宋晚期文明在世界范围内所处的独特坐标(见图7-4-18)。

在"人物"版块围绕宋徽宗本人、家族及其政治与艺术圈层,构建多种人物关系图谱。以"变法人物"聚焦政治权力结构,"文艺地图"凸显艺术家们的时空分布与创作网络,"行迹图"则利用编年梳理与地理标记,呈现苏轼与李清照的典型生平与作品。通过这种分层与可视化,既可透视政治格局的纷争演变,也能洞察文学与艺术流变对

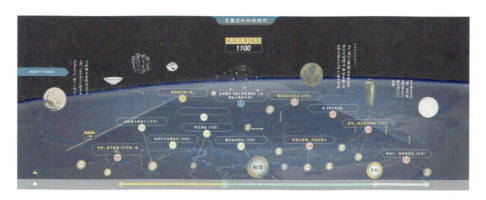

图7-4-17 "宋徽宗与他的时代数字人文专题"的"综合主页"版块展示界面
资料来源：上海博物馆官网。

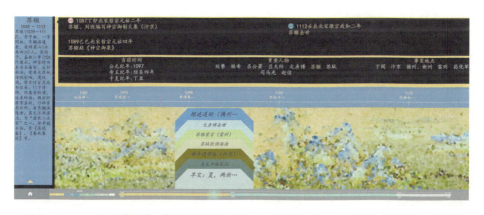

图7-4-18 "宋徽宗与他的时代数字人文专题"的"大事"版块展示界面
资料来源：上海博物馆官网。

宋徽宗的影响（见图7-4-19）。

在"作品"版块以书画艺术品为中心展开分类与标注，对北宋末年艺术发展趋势进行聚类分析与视觉呈现。进一步采用 AI 技术（如深度学习与 OCR）来挖掘题跋、印章等书画附加信息，将隐性元素转化为结构化数据。构建基于本体模型（ontology）与知识图谱（knowledge graph）的专业语义网络，实现对艺术作品的智能化关联（见图7-4-20）。

2023 年，上海将数字人文的探索视野延伸至藏品研究领域，开发

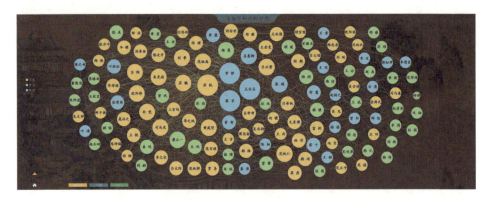

图 7-4-19 "宋徽宗与他的时代数字人文专题"中"人物"
版块的"变法人物"展示界面

资料来源：上海博物馆官网。

图 7-4-20 "宋徽宗与他的时代数字人文专题"的"作品"版块及
相关元素展示界面

资料来源：上海博物馆官网。

了"民国纸币研究"系统。该系统在数字化和结构化数据的基础上，结合专业化标注、智能分析与数据聚合，力求突破传统研究的局限。通过制定纸币专业研究元数据标准，引入 YOLOv4 与 OCR 等 AI 算法，系统可对纸币图片特征进行机器学习、标注、识别与聚类，并实现专题数据关联、主题数据集创建、多模态检索及相关研究资料的抓取。

作为国内首个专门面向藏品研究的数字人文应用系统，它充分展示了数字化技术在文物研究中的潜力，为未来的博物馆数字化保护与传播路径打开新的思路。

上博在"宋徽宗与他的时代数字人文专题"这一案例中的实践路径，可见其从问题导向出发，依托数字人文思路与多学科交叉方法，完成了从基础数据整合、知识本体构建到多维互动展示的整合过程。论文重点揭示了这样一个核心命题：数字化不仅要解决藏品的"可见性"和"可用性"，更需通过本体模型与知识图谱，让文物的内在关联与文化语境"可理解""可传播"。这在当下的文博领域，既是顺应时代需求的观念变革，也为国内博物馆的后续转型升级提供了可供借鉴的思考与蓝本。在数字化技术与博物馆学研究不断交融的当下，上博自"数字犀尊"项目起即积极探索知识传递与文物内涵相融合的创新之路，并在"董其昌数字人文综合展示系统"以及"宋徽宗与他的时代数字人文专题"等一系列专题中不断深化对数字人文方法的运用。

随着 AI、OCR、AR 等新兴技术的成熟，上博在国内率先尝试将数字人文与藏品学术研究相结合，为全国各地博物馆在"博物馆文化遗产资源的数字化保护与传播应用研究"这一课题上带来可供借鉴的先行样本，也为如何更好地挖掘文物的多元价值与社会潜能提供了新的思路。未来，随着跨学科团队与技术应用的进一步完善，上博的数字人文实践仍将不断拓展与迭代，为构建更加开放、多元与共享的博物馆文化生态注入持续动力。

四、保利美高梅博物馆数字遗产应用案例研究

2024 年 11 月，保利美高梅博物馆在澳门正式启幕。其选址坐落于备具国际化与旅游业氛围的澳门，为本地居民乃至全球游客打开了一

扇多元文化交融的窗口。与传统博物馆相比，保利美高梅博物馆在设计理念与技术手段上更趋突破：借助数字化技术赋能，打破实体场馆在空间维度与时间维度的限制，将"跨越历史与现实"这一本质属性充分放大。从运用 LED 显示屏与 OLED 展示柜到 VR、AR、全息投影与多元感官装置，该馆提供了极具沉浸感与交互性的观展体验，使观众能够身临其境般地触摸中华文化的悠久记忆。该馆的出现正呼应了当今文博业界"数字化转型"与"线上线下结合"的发展趋势，既能适应不同时代环境下的展陈需求，又为文物及相关史料的保护、传播与再利用提供了广阔可能。其建设理念并非单纯追求科技噱头，而在于如何通过数字技术让文物的内涵更加可感可及，从而实现更高阶的"知识化"与"叙事化"表达（见图 7-4-21）。

图 7-4-21　保利美高梅博物馆数字展厅

资料来源：保利艺术博物馆官网。

作为博物馆的首场重量级展览，"蓝色飘带——探索神秘海域邂逅丝路遗珍"（简称"蓝色飘带"）吸引了大量关注。展览不仅以翔实的史料与文物再现了古老海上丝绸之路的壮阔与辉煌，更凭借数字化与互动技术的深度融合，重塑了观众与文物之间的关系。诸如 LED 大屏幕、OLED 展示柜、VR、AR、全息投影与多元感官装置等大量数字化设施的运用，使得海上丝路场景可在现场实时演绎，"文物走进观众视野，观众置身海上奇观"的沉浸式效果得以显现，文化遗产在数字化空间中获得了"再生"的机会。

"蓝色飘带"展览中所使用的 LED 显示屏、OLED 展示柜、AI、VR 等技术手段，反映出保利美高梅博物馆对多元化科技手段的有机整合。它并非简单的"技术拼贴"，而是在博物馆学与数字人文理念的指导下，通过以下方式实现对观众体验与文物保护传播的双重升级。大尺寸、高分辨率的 LED 屏幕让观众有身临其境的宏观视觉冲击。OLED 展示柜则适合于文物的精细化呈现，可呈现微观细节并利用半透明或折射效果凸显文物的质感。VR 通过虚拟海域、古代港口的数字模型，让观众得以在沉浸空间中"航行"于海上丝路；AR 则能在真实场景里叠加数字信息，使观众得以"带着问题"探索文物背后的文化内涵。借助体感捕捉、声音识别等互动技术，展厅可检测观众的动作或语言，并产生实时反馈，营造趣味与探究并存的参观氛围。通过与社交媒体或 H5 应用的结合，观众可即时分享自己的体验和洞见，推动博物馆传播在更大范围内发酵。

在博物馆文化遗产数字化保护的维度上，"蓝色飘带"展出的丝路文物亦获得了相应的深度发掘与保全。通过高清扫描、3D 建模、知识图谱构建以及数据库管理等手段，藏品既能得到恒久保存，也能在专业研究与公众传播环节实现充分利用。例如，3D 数字档案对脆弱文物或大型海船进行三维扫描建模，既保留了文物的"数字等身"形态，也为学术研究（如船体结构、制作工艺等）与线上展览打下了基础。元数据与标注建立与海上丝路相关的文物信息库，将每件文物的历史时间、地域归属、文化交往背景等信息进行元数据标引。在此过程中，保利美高梅博物馆的数字化实践也顺应了国际文博界关于"可持续知识体系建设"的倡议。通过数字化的采集、标注与云端存储，历史遗产不再只是博物馆中的静态陈列物，而是具备了跨时空与跨文化可交流、可再现的生动资源。

在此前许多博物馆的传统展陈模式中，文物更像"孤立的存在"，观众常常只能通过展板文字与个人想象去构建历史场景。如今，保利美高梅博物馆通过 VR、AI、多屏联动等技术，赋予文物与场景以"数字化的叙事能力"，让观众可以"走进"或"触碰"虚拟仿真下的海上丝绸之路，甚至能与古代航海人物进行拟真对话。这种"叙事体验"的形成不仅提升了观众在观展过程中的情感投入度，也让"海上丝路"的宏大主题更富有立体感。例如，在 VR 空间中，观众能身处古代船舱听船员谈论航路风险或异域见闻；在 AR 场域里，观众能用移动设备扫描实物文物时，获取文字、音视频或互动问答，以多重感官了解文物背后的真实故事。"蓝色飘带"展览背后，更为先进的理念在于数字人文的介入。借助知识图谱、本体构建、大数据可视化等方法，博物馆不只是在"呈现"文物，更在"解释"文物，即运用跨学科数据整合的力量，深化对海上丝绸之路乃至海洋文明互动史的理解，并以可视化方式反馈给观众。对于研究者而言，这意味着集合历史、考古、航海学、经济史、艺术史等领域的数据与研究成果，通过知识图谱和本体模型，将不同文物与历史人物、地理地点、社会事件建立更丰富的关系网络产生语义化关联，用互动地图、时间轴、三维模型等方式，将海量信息转化为易被公众理解与接受的可视化形态。这种"多学科+多技术"的融合为文物的数字化保护与传播开启了更多可能，也彰显了当代博物馆在发挥"知识生产与共享"功能方面的进一步升级。

在澳门这样一个以旅游、博彩、娱乐等服务业而著称的国际都会中，保利美高梅博物馆的出现既能推动当地文旅产业向文化深度体验转型，也为博物馆本身争取到更广泛的社会影响。这种通过科技、文化、商业、娱乐等跨界融合的方式，让来自世界各地的旅客在享受多姿多彩的娱乐体验之余，也能投入到对中华文化与海上丝绸之路的学习和欣赏之中。正是在这种文旅融合的大背景下，保利美高梅博物馆不再只是展示文物的"象牙塔"，它所凸显的数字化、国际化以及跨文化交往潜能，将对未来博物馆形态产生深远影响。

未来，如何兼顾文物保护的严谨性与公众体验的丰富性，如何平衡先进技术投入与文化深度挖掘，依旧是行业需要持续思考与实践的关键课题。唯有在专业性与创造性双重维度上不断迭代，方可让承载千年文明的遗产在数字时代焕发出更持久与广泛的影响力。

第五节　本章小结

通过上述国内外案例可以看出，数字化保护与传播已成为博物馆事业发展的共同趋势。无论规模大小还是类型何异的博物馆，都在积极探索适合自身的数字路径。

从技术角度来看，三维成像、AI、大数据、区块链等新技术的融合应用，为文化遗产保护提供了前所未有的手段；从传播角度来看，VR/AR、虚拟展厅、数字藏品等创新形式，极大地丰富了公众的参与体验。

在国家层面，各国政府也日益重视数字文化战略，将博物馆数字化纳入政策议程。可以预见，未来数字博物馆将朝着更高保真、更强智能、更广共享的方向发展。高保真是指更全面精细地记录遗产信息，包括材料微观结构、空间声场等，以期数字副本几乎可乱真地再现原貌；强智能意味着运用 AI 实现从数字资源生产到服务提供的自动化与个性化，如智能导览员、虚拟策展人等；广共享则要求打通机构壁垒和数字鸿沟，让偏远地区、发展中国家的文化遗产也能融入全球数字博物馆网络，实现真正的全人类共享。

当然，挑战依然存在，包括数字资源的标准互通、版权平衡，技术与人文的融合等。但正如专家所言，数字技术是保护传承利用文化遗产的最优方式，"没有数字化，文物活起来只是空想"。因此，博物馆应继续勇于拥抱技术变革，同时坚守学术与公众并重的初心，在数字时代谱写文化遗产保护的新篇章。

第八章

历史地段文化遗产资源的数字化保护与传播应用研究

第一节　历史地段的定义及概念体系

历史地段是我国近年来提出的一种新的文化遗产类型概念。2021年，中共中央办公厅、国务院办公厅发布《关于在城乡建设中加强历史文化保护传承的意见》（简称《意见》），首次从中央层面明确了历史地段的概念和保护要求。根据《意见》中的定义，历史地段是指历史遗存丰富、人文景观与自然环境相融合，能够真实反映某一历史时期传统风貌和民族、地方特色，并且保存一定文化环境的地域片段。简而言之，历史地段涵盖了那些具有历史文化价值、能体现传统格局和地方特色的城区或地段，是城市格局风貌和历史文化价值的重要组成部分。这一概念有别于过去常说的历史文化街区。历史文化街区通常是指保存相对完整、具有统一传统风貌的成片历史建筑区域，而历史地段的外延更广，既包括保存状况良好的传统街区，也囊括了一些无法纳入传统历史文化街区范畴但同样承载丰富历史信息与文化价值的区域。例如，一些名胜古迹、古园林、老街巷、老校区、老厂区等具有历史文化意义但未被正式认定为历史街区的区域，也应视为历史地段加以保护。

从类型上看，历史地段可根据其价值特征大致分为不同类别。有学者提出可以从价值内涵出发，将历史地段分为特色地段和重点地段等类型。特色地段往往是顺应自然地形地貌、因地制宜形成的历史片区，这类地段融汇了自然山水与人文营建的巧思，体现出人与自然和谐共处的传统理念。例如，北京南苑地区、浙江龙泉古城西侧水利工程所涵盖的地段等，都属于因天然环境与人文改造相结合而形成的独特历史地段，它们天然携带着丰富的文化基因，完全符合历史地段的价值内涵。另一类重点地段则是指那些在人文精神上具有连续传承意义的核心片区。历史上许多城市中心、重要节点区域往往属于此类，例如城市中心的传统商业街、市民活动广场，或位于城墙、城门附近的具有象征意义的建筑群等。这些重点地段通常在城市发展中扮演着举足轻重的角色，承载着城市独特的历史记忆和文化精神。以上分类并非穷尽，但展示了历史地段内涵的多样性：既有山水相依的自然人文融合空间，也有孕育绵延人文精神的城市核心片区。在具体保护实践中，可根据各历史地段的特点，将其划分为居住类、商业类、工业遗产类、文化景观类等不同类型，有针对性地制定保护措施。

从历史地段研究范围层级看，文化遗产是其中最大的集合，包含物质和非物质两个层面。建筑遗产属于物质文化遗产范畴，是文化遗产的子集；历史地段则是承载众多文化遗产要素的空间单元，可以理解为特定地域内文化遗产的集合体。也就是说，建筑遗产多为单体实体对象，而历史地段由多个遗产要素及其环境构成，其整体本身也具有文化遗产价值。

因此，正如上篇幅所述，数字技术应用的创新发展为文化遗产创造性转化和创新性发展提供了新的手段，推动了海量文化遗产资源从数据化到资产化，走向社会效益和经济效益的可持续发展；文化消费热潮和数字化体验升级，驱动了文化遗产供给走向"体验式"，强调"传播力"。尤其是在历史地段，数字技术拉近了文化遗产与体验在地文化生活的距离，助力文化遗产资源的公共触达性与社会影响力得到有效提升。[①] 在当前历史地段文旅产业蓬勃发展的背景下，文化遗产数

---

① 《探元计划 2022—中国文化遗产数字化研究报告》，腾讯网，2023 年 2 月，https://research.tencent.com/report?id=YdJ。

字化所展现的传播价值与应用潜力已日益凸显。

第二节　历史地段文化遗产资源的数字化保护与 传播应用研究

历史地段浓缩了一座城市的历史记忆和传统文化。其空间格局、建筑风貌以及街巷肌理中蕴含着丰富的历史信息，承载着不同时代的社会生活印迹。每一个历史地段都如同一本立体史书，记录着当地居民世代相传的生活方式、民俗风情和价值观念。这些物质和非物质要素共同构筑起城市独特的文化身份和地方精神。因此，历史地段作为承载集体记忆的文化容器，其文旅价值在于构建时空对话的独特场域，又持续生成当代文化消费的新场景。这种文化多样性带来的丰富文化体验，使历史地段既能满足游客对在地文化的深度感知需求，又通过活化利用形成文创孵化、夜间经济等新型业态，最终实现在地文化认同与地方经济发展的双重价值。

在数字化浪潮的催化下，这种双重属性正通过两种典型数字化传播应用范式实现价值转化：一是借助 VR/AR、全息投影等技术构建的沉浸式数字文旅体验，通过虚实相生的情境再造激活历史空间的叙事潜能；二是基于文化 IP 挖掘的数字文创应用实践，将传统美学元素转化为可交互、可消费的当代文化产品。这两种路径虽技术表现各异，但都指向同一核心命题——如何通过数字媒介的创造性转化，使静态的历史资源转化为动态的文化生产力。需要特别说明的是，历史地段的文化复杂性决定了其数字化应用必然呈现多元技术融合的特征，本节聚焦沉浸式数字文旅与文化创意产业形态两个维度，并非试图简化技术谱系，而是着眼于文旅融合的时代需求，提炼最具实践价值的创新模式。

一、沉浸式数字文旅应用

　　VR 与 AR 广泛应用于历史地段的文旅沉浸式体验，通过数字媒介的创造性转化，使静态的历史空间转化为可感知、可交互的文化叙事场域。在技术实现层面，VR 基于实景建模，构建 1：1 数字孪生的虚拟历史街区，如福州三坊七巷通过 720°全景漫游系统，突破时空限制实现文化遗产的"云端活化"；AR 则依托空间计算与图像识别，在实体环境中叠加历史信息层，实现"虚实共生"的增强体验。这两种技术路径形成互补效应：VR 创造不受物理约束的虚拟访问场景，特别在疫情期间展现出替代性价值；AR 则强化实地游览的深度认知，通过建筑虚拟场景复原、数字角色互动等创新形式，弥合历史想象与现实观览的鸿沟。

　　AR 是在现实环境中叠加数字信息，实现虚实结合的体验。在历史地段旅游中，AR 应用的典型方式是"手机 AR 导览"或"AR 眼镜讲解"。游客在实地参观时，通过手机摄像头扫描眼前的历史建筑，屏幕上即可出现与之相关的文字、图片或三维模型注解，让肉眼所见的景物"开口说话"。AR 还可以用于遗产的虚拟复原展示。在历史遗址现场，游客通过 AR 眼镜或手机，可以看到眼前废墟中"浮现"出往昔建筑的轮廓和复原图景，与现存遗迹进行对比。这种"透视历史"的体验有助于弥补想象的鸿沟，让人更直观地理解遗产的昔日辉煌。

　　技术演进正推动应用场景持续深化：5G 网络支撑下的云端渲染使大规模历史场景的实时交互成为可能；轻量化 AR 眼镜逐步替代手机端应用，带来更自然的混合现实体验；AIGC 技术则赋能个性化内容生成，如杭州清河坊历史街区试点推出的 AI 数字导游，可根据游客兴趣实时生成解说内容。

未来，随着元宇宙概念的落地，历史地段数字文旅将向"虚实共生"的新阶段发展，有望看到更加丰富的应用场景，比如线上虚拟博物馆展览、AR实景游戏探秘古城、元宇宙中的文化遗产社区等。这些都将传统文化与数字技术深度融合，使保护成果更广泛地惠及公众，实现"让文物活起来"的目标。

二、基于文化 IP 挖掘的数字文创实践

在历史地段遗产资源数字化保护与传播的实践中，数字化文创已逐渐从纯粹依托建筑或实物为主的呈现方式，拓展至融合民俗、方言、节庆仪式、口述记忆等非物质文化元素的综合性创新形态。这一转变的核心在于通过多样化的数字文创形式，深度挖掘和彰显历史地段独特的文化 IP 价值，使其成为推动文旅融合发展的关键驱动力和创新引擎。

首先，数字技术的蓬勃发展为物质性遗产文创带来了革命性变革，推动其从传统的二维平面设计向更具创意的三维立体产品转型。在这一趋势下，以 3D 扫描、打印和混合材料加工为代表的数字技术，正在将历史建筑构件、传统纹样、雕塑艺术等文化元素转化为富有创意的实体产品。这种立体化、实物化的文创转型不仅丰富了公众接触文化遗产的方式，更开辟了文化产业新蓝海。以故宫为例，其推出的天宫藻井冰箱贴和凤冠冰箱贴系列文创产品，通过精准的 3D 扫描技术还原了万善正觉殿天宫藻井的精美构造和清代后妃凤冠的华丽细节，将原本遥不可及的建筑装饰和文物珍品转化为可触摸、可收藏的日常用品（见图 8-2-1、图 8-2-2）。这类兼具文化内涵与实用价值的数字文创产品不仅成为现象级网红商品，更通过文创收益反哺文物保护工作，实现了文化遗产保护与创新的良性循环。

图 8-2-1　天宫藻井冰箱贴

资料来源：https://m.bjnews.com.cn/detail/1730274572129883.htm。

图 8-2-2　凤冠冰箱贴

资料来源：https://m.bjnews.com.cn/detail/1730274572129883.htm。

　　其次，历史地段非物质遗产主要涵盖传统民俗、地域方言、节庆礼仪及手工技艺等文化要素，这些要素因其抽象性和动态传承性，更需要借助数字技术赋能保护和传播。当前，VR、AR、多媒体互动等技术已广泛应用于非遗文创领域，取得了积极的社会效应。成都东郊记忆园区以一场"艺术游园会"点亮新春，将非遗、数字艺术、音乐与市集烟火巧妙融合，为市民和游客打造了一场沉浸式的"非遗潮年"，使这里成了"现象级"打卡地。作为游园会的重头戏，《一梦华胥：中国皮影光影艺术秀》首次以数字光影形式呈现非遗魅力。中法两国艺术家耗时三年，对 3 000 余件传统皮影进行数字化再创作，通过建筑投影技术，将东郊记忆园区巨大的工业遗址外墙化为动态画布。[①] 这类数字化文创的研究为非遗保护与数字人文领域交叉融合提供了新的理论支撑和案例借鉴，显著提升了公众对非物质文化遗产的关注度与参与度。可交互数字文创强调用户体验与情感交互，充分利用 VR、AR 及多媒体互动等技术，强化用户与历史遗产之间的互动性联系。这类项目不限于建筑物的展示而将地方历史故事、街巷记忆、方言设计为趣味互动等更广泛的文化内涵。交互式数字文创的出现促使研究者们重新思考遗产传播与公众互动之间的关系，启发了遗产保护领域从单向传播向互动参与转型的新范式，有效增强了遗产保护的社会关注度与民众的文化参与感。

　　在历史地段数字文旅的发展进程中，文化 IP 形象的塑造正成为关键的创新突破口。以"海丝名城"泉州为例，这座承载着多重文化标识的城市——既是联合国认定的海上丝绸之路起点，又是共建"一带一路"的重要节点，同时拥有东亚文化之都、国家历史文化名城等殊荣，更在 2023 年跻身万亿 GDP 城市行列。2024 年 7 月，随着"泉州：

---

　　① 《〈文化中国行〉成都："艺术游园会"闹新春　市民大赞"非遗潮年"》，中国新闻网，2025年 2 月 4 日，https://backend.chinanews.com/sh/2025/02-04/10363279.shtml。

宋元中国的世界海洋商贸中心"成功列入《世界遗产名录》，这座千年
古城迎来了文化传播的新契机。在此背景下举办的"泉州数字文创周"
以"IP聚变，数字赋能，文创升维"为主题，推出了极具创意的"海
丝家族"数字IP形象。其中，核心IP人物"和和"以福船为原型，
其设计细节处处彰显海丝文化精髓：古船造型的帽饰、浪花般的蓝色
卷发，以及蕴含"山水相依"意境的海水江崖纹服饰，既传承了宋元
时期泉州"涨海声中万国商"的辉煌历史，又昭示着新时代泉州在和
平发展道路上勇立潮头的城市精神。这一数字IP的创新实践，为历史
文化遗产的现代表达提供了生动范本（见图8-2-3）。

图8-2-3　泉州中山路历史地段中的文化 IP 形象

资料来源：https://news.qq.com/rain/a/20241203A093G100。

从以上研究成果和实践探索可以看出，数字化文创在历史地段遗
产保护和传播领域正逐渐发挥着越来越重要的作用，推动着学界与业

界的深度融合。但仍存在长期运行机制不够完善、版权保护制度相对薄弱、技术更新迭代较快导致维护困难等现实问题。

因此，此模块未来的研究方向应重点关注以下几个层面：一是构建数字化文创的评价体系，包括经济效益、社会影响力和遗产保护贡献的多维评估；二是持续深化跨学科合作，建立历史文化专家与科技开发人员紧密协作的研究平台；三是加强数字文创伦理、版权和法律规范研究，促进资源共享与文化产业健康发展。在政策与实践层面，政府和文化管理部门需积极制定与数字化文创相关的支持政策和管理规范，明确项目开发的边界和要求，避免过度商业化对历史遗产原真性造成损害。

此外，要鼓励文化机构和社区居民积极参与到数字文创项目的开发与运营中，形成多方共建共治共享的文化遗产保护新模式。

综上所述，历史地段遗产数字化文创、物质性遗产实体数字化文创以及强调交互体验的数字文创等种种实践路径，共同构成了历史地段遗产资源数字化保护与传播的完整生态链条。这些研究成果有效推进了文化遗产的活化利用和公众传播，创造了可持续的经济和社会效益；同时为文化遗产保护理论提供了新视角与方法论支撑，进一步巩固了数字技术与文化保护之间的学科交叉和实践融合。

第三节　历史地段文化遗产资源的数字化保护与传播应用案例研究

一、"声谱同步"技术与泉州南音的数字化革新

历史文化名城福建泉州有种古老的传统音乐，原称弦管，今称南音。现存的"指、谱、曲"三大类，既有声乐曲，又有器乐曲，共有

五六千首，世代传承千年以上。其原始载体一是手抄曲谱，二是口传身授。直至清咸丰又年（1857 年）才有一本唯一的木刻本《文焕堂指谱》和民初石版印刷的《泉南指谱重编》出版，印量不多。其后印刷业进入铅印时期，缘于没有复杂的字模，不能承印，所以只能刻蜡版油印，大大影响了人们使用和读懂这种古谱，更限制了它的广泛传承。

二十世纪七八十年代以来，全国进入改革开放新时代，各行各业无不热烈响应，新生事物大量涌现，传统文化逐步复苏。人们期待对弦管"声谱同步"：泉州南音实现数字化网络化古乐也应得到新的认识并加以抢救保护与改革创新（见图 8-3-1）。

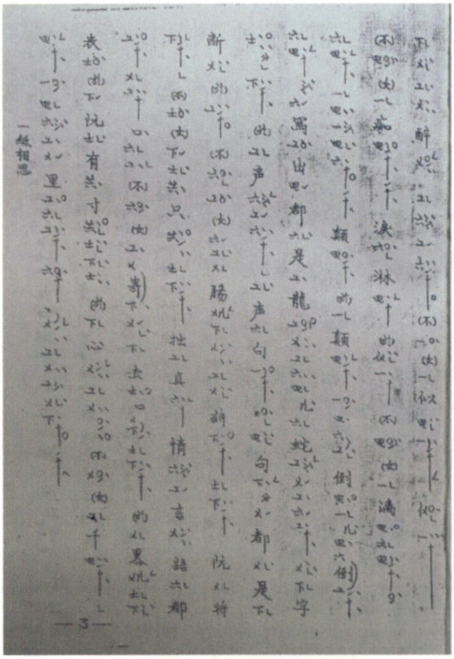

近代刻蜡版油印的曲谱 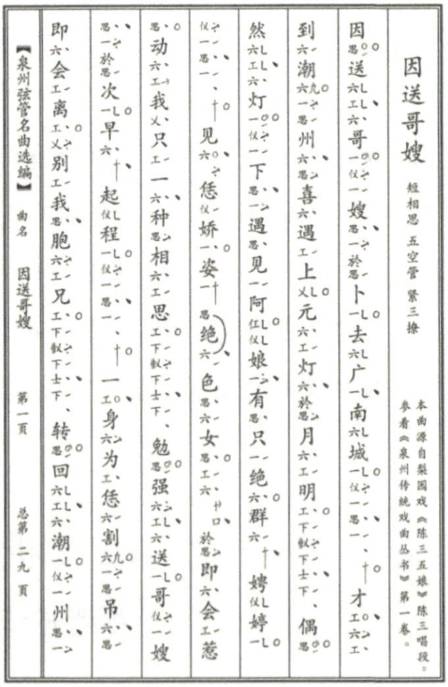　　　　　1996年首次用电脑录入排版打印的曲谱

图 8-3-1　电脑录入的数字南音曲谱

资料来源：泉州南音网截图。

泉州南音作为"中国音乐的活化石"，在数字化保护中突破传统工

乂谱的复杂性与口传身授的局限性，以"声谱同步"技术重构其文化价值。项目团队先对千年古谱进行数字化编码——基于吴世忠与李文胜开发的工乂谱编辑系统，将"乂工六思一"谱字与琵琶指法符号转化为可编辑数字字符，并创新性构建"三谱对照"体系：工乂谱承载润腔细节的千年积淀，五线谱勾勒旋律的时空框架，简谱则架起通往现代教育的桥梁。在此基础上，通过 AI 语音合成与 AR 技术赋能静态曲谱，用户扫码即可触发闽南语双模式演唱如文读的雅正与白读的鲜活交织，洞箫指法动画在曲谱上翩然跃动，让"念嘴"传承的壁垒在数字光影中消融。最终以"泉州南音"App 为载体，九支千年雅乐化身多语种动态曲谱，离线播放与锁屏学习功能使其跨越山海——十万余次下载量背后，是三十余国听众在手机屏前共赏《梅花操》的颤音，见证数字技术如何让古老音声在全球奏响新的文化共鸣（见图 8-3-2）。

图 8-3-2 泉州南音数字文化平台

资料来源：泉州南音网截图。

基于此，泉州南音的数字化保护实践在学术与实践层面实现双重跨越。在理论层面，创新性构建"物质—数字—活态"三位一体保护模型，以数字技术破解非物质文化遗产的保存困局——《明刊三种》272 首曲词的高精度复原，如同在数字世界重建晋唐古乐的基因库，为音乐考古提供珍贵数据基石；在教育层面，2009 年问世的《泉州南音基础教程》携三谱对照系统走进课堂，1.5 万册教材与 AI 教学系统的组合，让方言音准的微妙差异可量化评估，传统润腔的千年韵律化作可视化的学习曲线；更通过"南音文化元宇宙"架设数字桥梁，与新加坡湘灵音乐社联手打造虚拟国际会唱，动作捕捉技术精准复刻"上四管"演奏的身韵风姿，使菲律宾华侨少年与泉州老艺人在虚拟舞台隔空合奏，让文化传承的涟漪从闽南古厝荡漾至南洋彼岸。

泉州南音"声谱同步"实践通过技术赋能与叙事重构，实现了从"静态曲谱保存"向"活态文化再生产"的范式跃迁。其理论价值在于构建了非物质遗产的"数字基因解码"模型，实践意义则体现为教育普惠与国际传播的双重突破。然而，技术主导性导致的表演同质化与数据治理碎片化仍是关键挑战。未来需通过"人文优先"原则的贯彻，在数字化工具与文化本体间建立动态平衡机制，形成"保护—创新—传播"的可持续生态。这一路径不仅为南音保护提供范本，更为历史地段文化遗产资源的数字化转型揭示了"技术为体、文化为魂"的核心逻辑。

二、山西历史地段文化遗产数字文创案例研究

作为中华文明的重要发祥地之一，山西拥有丰富的历史文化遗产资源，从晋商大院到佛教古建，从边塞古城到传统村落，这些历史地段正在通过数字文创焕发新的生命力。近年来，山西积极探索"科技+文化"的融合路径，以数字手段激活历史基因，打造出一批兼具文化深度和市场活力的创新案例，为区域性文化遗产的当代转化提供了重要范本。

在物质遗产的数字化转化方面，山西开创性地将古建艺术与现代文创相结合。应县木塔作为世界现存最古老、最高的木结构楼阁式建筑，其文创开发突破了传统二维图像的局限。通过三维激光扫描和精密建模技术，设计师将木塔复杂的斗拱结构转化为"立体镂空盖章本"，游客在收集特色印章的过程中，能直观感受这座辽代建筑的精妙构造（见图 8-3-3、图 8-3-4）。这种互动体验不仅增强了游览的趣味性，更通过可触摸的形式让公众理解了榫卯结构的智慧。平遥古城则利用 3D 打印技术，将古城墙、票号建筑等元素转化为系列文创产品，如可拼装的古城微缩模型，既满足了游客的收藏需求，又实现了建筑文化的普及传播。

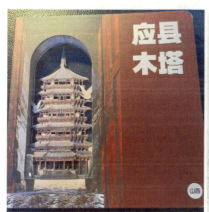

图 8-3-3　山西应县木塔立体镂空盖章本

资料来源：https://www.163.com/dy/article/JD8RE29P0514CAOK.html。

在非物质文化遗产的数字化呈现上，山西创造了沉浸式的文化体验场景。晋祠博物馆推出的"数字水镜台"项目，通过全息投影技术再现了晋剧经典剧目，观众可以站在古戏台前，欣赏虚拟演员与传统建筑交融的视听盛宴。在乔家大院，AR 让游客扫描特定区域就能看到晋商驼队出塞的全息动画，配合方言讲解，生动展现了"走西口"的

图 8-3-4　山西应县的文旅盖章体验

资料来源：https://www.163.com/dy/article/JD8RE29P0514CAOK.html。

历史场景。这些创新实践打破了静态展示的局限，使非物质文化遗产得以动态传承。

数字技术还重构了山西文旅的体验方式。云冈石窟推出的"数字供养人"项目，游客通过小程序认领虚拟佛像后，能持续接收该佛像的高清影像、修复进展等专属内容，建立了跨越时空的情感连接。五台山景区开发的智慧导览系统，整合了 AR 实景导航、AI 语音讲解等功能，游客持手机即可获取个性化游览路线和深度文化解读。这些数字化服务不仅提升了游览质量，更延长了文化消费链条。

在市场转化方面，山西形成了一套特色 IP 开发模式。以"晋商文化"为核心的系列数字文创，如采用烫金工艺的票号汇票笔记本、融合算盘元素的 USB 闪存盘等，既传承了商业文化精髓，又符合现代使用场景。数据显示，2023 年山西重点文博单位文创收入同比增长 67%，其中数字文创产品占比达 42%，显示出强劲的发展势头。

因此，山西数字文创实践的重要启示在于，区域性文化遗产的数字化开发需要紧扣地方特色。通过深挖晋商精神、佛教艺术、古建技艺等独特文化基因，结合现代科技手段，山西成功构建了在地化的数字文创体系。这种既尊重历史原真性，又注重当代体验性的创新路径，为同类历史地段的活化利用提供了可复制的经验，展现出传统文化资源在现代社会的持续生命力与创新可能。

第四节　本章小结

在数字化浪潮与文旅发展的推动下，历史地段文化遗产的传播方式正经历着深刻变革，从单向的信息传递转向多维度的沉浸式体验，从单一的文化展示拓展为多元化的数字文创生态，逐步构建起传统与现代交融的文化传播新范式。

沉浸式数字体验技术的应用，改变了公众与历史文化的互动方式。通过 VR/AR、全息投影、三维建模等技术手段，历史建筑得以"重生"，消失的市井生活被重新演绎，游客不再是被动的旁观者，而是文化场景的参与者。云冈石窟的"数字供养人"项目、晋祠的"数字水镜台"等创新实践，通过虚实结合的方式，既保护了文物本体，又创造了超越时空限制的深度体验。这种沉浸式传播不仅增强了文化感染力，更让历史知识以更自然的方式被接受和记忆。

数字文创的多元化发展，为文化遗产注入了当代活力。从故宫的天宫藻井冰箱贴到应县木塔的立体镂空盖章本，这些融合了传统元素与现代设计的文创产品，架起了连接古今的桥梁。更重要的是，数字技术使文创开发不再局限于表面图案的复制，而是深入文化内涵的挖掘与重构，让文化遗产以更丰富的形态融入现代生活。文创产品的热销不仅创造了经济效益，更培育了新的文化消费群体。

文化 IP 的培育与运营，正成为遗产传播的战略方向。泉州"海丝家族"数字人、故宫文创 IP 体系等成功案例表明，一个有生命力的文化 IP 能够整合各类传播手段，形成持续的文化影响力。通过形象塑造、故事讲述、跨界合作等方式，抽象的文化价值被转化为具象的 IP 符号，在文旅融合、城市推广、国际传播等领域发挥综合效应。未来，构建系统化的 IP 开发体系，将成为历史地段实现文化价值转化的重要路径。

然而，文化资源的转化仍面临严峻挑战。一方面，大量文化遗产仍处于"沉睡数据"状态，文博机构、文保单位等文化事业单位与文化产业之间存在明显断点；另一方面，数字文化消费需求激增与优质供给不足形成强烈反差。这种结构性矛盾凸显了数字化转型的紧迫性——既要打通文化事业单位与市场之间的壁垒，激活"数据孤岛"；又要创新内容供给方式，满足多元化的文化消费需求。未来，需要建立更高效的资源转化机制，推动文化遗产真正成为可流动、可增值的生产要素，实现文化价值与社会效益、经济效益的有机统一。

第九章

基于城乡公共文化服务视角下的文化
遗产资源数字化应用研究

第一节　城乡公共文化服务与文化遗产资源数字化

城乡公共文化服务是指在城市和农村地区，由政府主导、社会力量参与，面向全体公民提供的公益性文化产品和服务，旨在满足人民群众日益增长的精神文化需求，促进文化公平与社会和谐。这一概念的核心在于通过公共资源的合理配置，缩小城乡文化差距，保障城乡居民平等享有文化权益。城乡公共文化服务的内容涵盖广泛，包括公共图书馆、文化馆、博物馆、美术馆、文化站、文化活动中心等基础设施的建设与运营，以及各类文化活动的组织与推广，如文艺演出、电影放映、读书活动、艺术培训等。其目标是通过多样化的文化服务，提升城乡居民的文化素养，增强文化认同感，推动社会主义文化繁荣发展。

在政策层面，中国政府高度重视城乡公共文化服务体系建设。2005 年，国务院发布《关于进一步加强农村文化建设的意见》，明确提出要加大对农村文化建设的投入，完善农村公共文化服务体系，推动城乡文化协调发展。2015 年，中共中央办公厅、国务院办公厅印发《关于加快构建现代公共文化服务体系的意见》，进一步明确了公共文化服务的目标和任务，提出到 2020 年基本建成覆盖城乡、便捷高效、保基本、促公平的现代公共文化服务体系。该文件强调，要优化公共文化设施布局，推动文化资源向基层倾斜，特别是向农村和贫困地区倾斜，确保城乡居民都能享受到均等化的文化服务。2017 年，《文化部"十三五"时期文化发展改革规划》，提出要实施文化惠民工程，推动公共文化服务标准化、均等化，提升公共文化服务的覆盖面和实效性。这些政策文件的出台，为城乡公共文化服务的发展提供了有力的政策支持和制度保障。

基于城乡公共文化服务的文化遗产资源数字化建设是指通过现代信息技术手段，将城乡文化遗产进行数字化采集、存储、展示和传播，以实现文化遗产的保护、传承和共享，促进城乡公共文化服务的均等化和高质量发展。这一概念强调利用数字化技术打破城乡文化资源分布不均的壁垒，推动文化遗产的普惠性传播，提升城乡居民的文化获得感与幸福感。当前，中国政府高度重视文化遗产资源数字化建设，并将其纳入国家文化发展战略。例如，2021 年的《"十四五"文化和旅游发展规划》明确提出，要"加强文化遗产数字化保护与利用，推动文化遗产资源数字化采集、存储和展示，建设文化遗产大数据平台，促进文化遗产资源的共享与传播"。这一政策文件为文化遗产资源数字化建设提供了明确的指导方向，强调通过数字化手段实现文化遗产的保护与利用，推动城乡公共文化服务的均衡发展。

在国际上，文化遗产资源数字化建设已成为全球文化遗产保护的重要趋势。联合国教科文组织在《保护数字遗产宪章》中指出，数字技术为文化遗产的保护、传播和共享提供了新的可能性，呼吁各国加强文化遗产的数字化建设，确保数字遗产的长期保存和可持续利用。数字化技术不仅能够有效保存文化遗产的物质形态，还能通过 VR、AR 等技术手段，为公众提供沉浸式的文化体验，从而增强文化遗产的传播效果和教育功能。数字化建设是解决城乡文化资源分布不均、提升公共文化服务效能的重要途径，通过构建数字化平台，可以实现文化遗产资源的跨区域共享，促进城乡文化融合。

第二节　文化遗产资源数字化在城乡公共文化服务中的应用研究

　　城乡公共文化服务在均等化、效率提升和资源整合方面仍面临诸多挑战，尤其是基层文化设施利用率低、传统遗产传播力不足、区域发展不均衡等问题突出。在此背景下，文化遗产资源数字化成为破解困境的重要突破口，其通过技术赋能既能活化传统文化，又能拓宽服务半径，但如何构建有效的应用路径仍需深入探讨。当前，城乡文化服务的核心矛盾在于供给与需求的结构性错位。一方面，农村地区受制于基础设施薄弱和专业人才匮乏，实体文化场馆覆盖率不足，活动形式单一；另一方面，城市文化资源虽相对丰富，却存在"重硬件、轻内容"的倾向，大量非遗项目因展示方式陈旧而难以吸引年轻群体。更值得注意的是，城乡之间的文化资源流动尚未形成良性循环，偏远地区的特色遗产往往因传播渠道受限而逐渐边缘化。这种二元割裂状态亟须通过数字化手段重构文化生态。

　　数字化应用的首要路径在于构建全域协同的遗产数据库平台。针对基层文化资源管理分散、数据孤岛普遍的问题，需建立统一标准的数字化采集体系，通过三维扫描、高清影像等技术对文物、民俗、方言等多元遗产进行系统归档。例如，浙江实施的"浙里文化圈"项目，将全省非遗资源纳入云端图谱，既方便基层文化站调取素材开展活动，又为跨区域文化协作提供数据支撑。这种集约化处理不仅能降低偏远地区的保存成本，更能通过数据互联消弭城乡信息鸿沟。更重要的是，平台应开放部分接口权限，允许乡镇文化站自主上传地方特色资源，形成动态更新的文化资源池，使数字化真正成为城乡对话的媒介。

　　深化沉浸式体验技术的场景化应用是激活遗产生命力的关键。许多传统文化场所面临"有馆无客"困境，根源在于展示方式与当代审美脱节。通过 VR/AR 重构历史场景，如敦煌研究院开发的"数字供养人"项目，让观众通过手机参与壁画修复，这种参与式体验极大地提升了文化传播的趣味性。对于农村地区，可结合移动端开发轻量化应用，利用村史馆等现有空间打造混合现实展览，使静态遗产转化为可交互的文化叙事。数字技术的魅力在于它能突破物理限制，将大运河的漕运历史、少数民族的山歌对唱等抽象文化元素，转化为具象的感官体验，这对培养青少年文化认同尤为有效。当技术应用始终以用户需求为导向时，数字遗产才能从"云端"真正落到"地上"。

推动数字化文化资源的共享与协同是缩小城乡差距的重要举措。城乡之间的数字鸿沟是制约公共文化服务均等化的主要障碍之一。为此，需建立跨区域、跨层级的资源共享机制。例如，城市图书馆的数字资源可以向乡村基层文化站点开放，乡村的特色文化资源也可以上传至全国性平台，实现双向流通。政府可通过政策引导，鼓励文化机构、科技企业和社会组织合作，开发适合农村地区的数字化文化产品。此外，依托云计算和大数据技术，可以分析城乡用户的文化需求差异，优化资源配置，避免重复建设。这一路径的核心在于打破资源垄断，促进城乡文化生态的平衡发展。

加强数字文化服务的普及与培训是确保实效性的保障。许多乡村地区由于基础设施落后或居民数字素养不足，难以充分享受数字化带来的文化红利。因此，在推进文化遗产资源数字化的同时，需配套开展数字技能培训，帮助农村居民掌握基本的设备操作和信息检索能力。基层文化工作者也应接受专业培训，以便更好地管理和维护数字化设施。此外，政府可通过补贴或捐赠方式，向经济欠发达地区提供必要的硬件支持，如智能终端、网络设备等，确保数字化服务能够真正落地。这一路径注重"最后一公里"问题，强调技术与人的有机结合，避免数字化沦为形式主义。

综上所述，文化遗产资源数字化在城乡公共文化服务中的应用是一个多层次、系统化的过程，需要从资源采集、技术开发、共享机制和普及推广等方面协同推进。构建数字平台、创新体验方式、优化资源配置和提升数字素养，可以有效激活文化遗产的生命力，推动城乡文化服务的均衡发展。未来，随着 5G、元宇宙等新技术的成熟，文化遗产资源数字化还将迎来更广阔的应用空间，但其核心目标始终不变——让每一个人，无论身处城市，还是乡村，都能平等地享受文化发展的成果。

第三节　基于城乡公共文化服务视角下的文化遗产资源数字化应用案例研究

一、上海"建筑可阅读"项目案例研究

上海"建筑可阅读"是近年来上海市推动建筑遗产数字化保护与公共文化服务创新融合的典型案例。[①] 这一项目以城市历史建筑为载体，通过数字化技术手段将建筑遗产转化为可感知、可交互、可传播的文化资源，使静态的建筑空间转变为动态的文化叙事场域，实现了文化遗产保护与城市文化传播的双重价值。其运作机制并非简单的技术叠加，而是构建了一套从数据采集到公众参与的完整生态系统，体现了数字化时代文化遗产活态传承的新范式。

上海作为中国近现代建筑遗产最为丰富的城市之一，拥有外滩万

---

① "建筑可阅读"，上海市文化和旅游局微信小程序，2020 年 4 月。

国建筑博览群、邬达克建筑作品、石库门里弄等多元建筑类型。这些
建筑承载着城市的历史记忆与文化基因，但传统的保护模式往往局限
于物理空间的修缮与有限开放，公众对建筑内涵的认知存在隔阂。

"建筑可阅读"项目始于 2018 年，最初以"扫码阅读"1.0 版为
核心，通过为历史建筑设置二维码，让市民游客轻松获取建筑背后的
历史故事。这一阶段，项目覆盖了上海全市各级文物保护单位、优秀
历史建筑及当代地标，实现了"建筑可阅读"的基础功能。随着项目
的深入推进，"建筑开放"2.0 版应运而生。上海通过协调各方资源，
推动更多历史建筑向公众开放，让市民游客不仅能"读"建筑，更能
"走进"建筑。例如，外滩历史建筑群、武康大楼等标志性建筑通过预
约开放、主题展览等形式，拉近了公众与城市历史的距离。2022 年进
入"数字转型"3.0 阶段，"建筑可阅读"进一步融合数字化技术，推
出同名微信小程序，开创了全新的都市旅游方式，激发了全社会的参
与热情，让市民和游客切身感受到"在上海，建筑是可以阅读的，街
区是适合漫步的，城市是有温度的"。

上海"建筑可阅读"小程序包含了建筑导览、建筑影音、建筑故
事三个核心模块（见图 9-3-1），以数字化方式激活城市历史文脉，其
中建筑导览模块，以专业建筑数据为基础，结合趣味交互设计，打造
了一座"掌上建筑博物馆"。以地标建筑武康大楼为例（见图 9-3-2），
导览模块首先构建了完整的建筑档案库。用户可查阅精确到月份的建
设时间（1924 年 10 月）、上海市优秀历史建筑保护级别（第二批）等
基础信息，同时获取实时更新的开放状态提示。建筑介绍采用"时空
双线叙事"：纵向以时间轴呈现 20 世纪 20 年代法商赉安洋行的设计始
末、50 年代更名为武康大楼的沿革，横向穿插电影艺术家赵丹、王人
美等文化名流的寓居轶事，通过文字与历史照片的对照展示，再现
"远东第一公寓"的百年风云。专业语音导览是该模块的亮点，从建筑

学角度解析法国文艺复兴风格特征——独特的三角形地块形成的熨斗形制、北立面骑楼式拱廊的空间韵律、细部装饰的古典主义语汇等专业内容。互动系统创新性地将建筑阅读转化为城市探索游戏。用户可通过 LBS 定位开启"邬达克建筑巡礼"主题打卡，导航引导至武康大楼后，系统不仅生成专属电子纪念徽章，还会智能推送周边宋庆龄故居、密丹公寓等关联建筑，形成以建筑群为单元的文化认知网络。打卡数据可同步至上海"城市漫步"数字护照，既满足社交分享需求，又构建起持续探索的动力机制。

图 9-3-1 "建筑可阅读"小程序主页面

资料来源："建筑可阅读"小程序。

图 9-3-2 武康大楼建筑档案库

资料来源："建筑可阅读"小程序。

建筑影音模块（见图 9-3-3），是一座打开城市记忆的数字化宝库。该模块精心收录了平台上每栋历史建筑的珍贵音视频资料，通过动态影像与专业解说，让凝固的建筑艺术焕发新生。以此前提到的武康大楼为例，用户只需定位至徐汇区，即可搜索到《武康大楼修缮记》专题纪录片。这部制作精良的影像档案不仅完整记录了这座地标建筑的修缮历程，更以独特的镜头语言展现了常人难以触及的建筑细节——从外立面的水刷石工艺修复，到内部保留完好的老式电梯构造，再到装饰艺术风格的细部雕花。观众仿佛跟随镜头穿越时空，亲眼见证专业团队如何运用传统工艺与现代技术，让这座近百岁的历史建筑在保持原真性的前提下重获新生。这些珍贵的影像资料既是对城市文脉的数字化保存，也为公众提供了深入了解海派建筑文化的窗口，完美诠释了"建筑可阅读"项目让历史建筑"活起来"的核心理念。

建筑故事模块（又名乐游上海）（见图9-3-4）是一个集文化传播与旅游导览于一体的特色平台。该模块通过精心撰写的专题文章，深入浅出地讲述上海历史建筑与传统街巷背后的文化故事，让读者在指尖就能领略城市的人文底蕴。每篇文章不仅配有精美的建筑实景图片，还附有详尽的历史背景介绍，从建筑风格到人文轶事，为读者展开一幅立体的城市记忆画卷。

值得一提的是，模块特别设计了智能化的建筑路线推荐功能，根据用户的兴趣偏好，智能生成主题鲜明的探访路线。无论是外滩万国建筑博览群，还是衡复风貌区的梧桐深处，都能为游客提供个性化的文化导览方案，让建筑阅读真正成为可触摸、可体验的城市微旅行。这种将数字技术与人文历史相结合的创新模式，让城市文化遗产焕发出新的时代魅力。

图 9-3-3　建筑影音模块

资料来源："建筑可阅读"小程序。

图 9-3-4　建筑故事模块

资料来源："建筑可阅读"小程序。

上海"建筑可阅读"小程序打造全方位公共服务体系，构建了线上线下联动的体验网络。上海市文旅局的公开报告显示，截至 2023 年，全市已有超过 2 000 处建筑接入该系统，形成多条"建筑可阅读"主题线路，涵盖红色记忆、海派风情、万国风情等不同维度（见图 9-3-5）。这种设计突破了传统文物展示的静态模式，使建筑成为串联城市文化的动态节点。在交通导览方面，小程序创新性地与都市观光巴士系统深度联动，特别推荐"建筑可阅读专线"（都市观光旅游 2 线）。这条精心设计的线路横跨黄浦江两岸，从南京西路五卅运动纪念碑启程，穿越延安东路隧道，串联起浦东陆家嘴的东方明珠、金茂大厦等现代地标，再驶向北外滩与外滩万国建筑博览群，让游客一站式感受上海"万国建筑博览会"。在智慧服务方面，公交小程序提供数字化导览解决方案：游客可获取电子版导览地图册，通过手机扫描建筑二维码即可收听专业语音讲解，免去传统导览设备的烦琐。同时，线下服务点仍保留实体耳机，满足不同游客的需求。为更好地满足用户的购买体验，建筑文创栏目则整合了博物馆、历史建筑的文创商店资源（见图9-3-6），游客可直接在小程序浏览、选购独具特色的建筑主题文创产品，实现"线上选购—线下体验"的无缝衔接。这种"交通+导览+购物"的一站式服务模式，既提升了游客体验，又促进了文化消费，生动诠释了"让建筑可阅读、让城市有温度"的服务理念。

图9-3-5 建筑路线

资料来源："建筑可阅读"小程序。

图9-3-6 建筑文创

资料来源："建筑可阅读"小程序。

综上所述，上海"建筑可阅读"项目的启示是，建筑遗产数字化不仅是技术应用，更是文化治理方式的革新。它通过数字技术消解了专业知识与大众认知的鸿沟，构建了开放的建筑文化遗产阐释体系。它通过数字技术将专业性的建筑知识降维转化为大众文化产品，实现了哈贝马斯（Habermas）所倡导的"知识民主化"。当市民扫描石门库老宅二维码看到自己祖父参与建设的记载，当留学生在外滩通过 AR 发现汇丰银行门前的铜狮与原香港总行的血缘关系，建筑遗产便不再是遥不可及的展品，而成为勾连个体记忆与集体历史的媒介。这种文化赋权效应，或许比技术本身更值得关注——它让城市真正成为"人民的博物馆"。未来，随着元宇宙技术的发展，该项目正在探索基于区块链的建筑数字资产确权、利用 AI 生成建筑口述史等新方向，这些探索将持续推动公共文化服务从资源供给型向关系建构型转变，为全球城市文化遗产的数字化保护提供中国方案。

可见，城乡公共文化服务视角下的文化遗产数字化建设不仅是技术手段的创新，更是文化治理模式的重要变革。通过政策支持和技术赋能，文化遗产数字化建设能够有效推动城乡文化资源的均衡配置，提升公共文化服务的覆盖面和品质，为实现文化强国目标提供有力支撑。

二、福州古厝数字博物馆案例研究

福州作为国家历史文化名城，拥有大量明清以来的传统民居建筑群，其中以三坊七巷为代表的古厝群落尤为著名。这些建筑不仅是闽都文化的重要载体，更是中国南方传统建筑艺术的瑰宝。然而，随着城市化进程的加速，古厝的保护与利用面临诸多挑战，如物理空间有限、展示手段单一、公众参与度不高等问题。在此背景下，福州市人民政府积极响应国家关于"实施国家文化数字化战略"的号召①，探索以数字化技术赋能文化遗产保护的新模式。

福州市历史文化名城管委会于 2022 年 3 月开展的"福州古厝特色元素创新性保护和利用数字应用一期"工程，运用三维全景、无人机、全景 VR 和新一代互联网技术，实现 80 处福州古厝、2 个历史文化街区的数字化建档，研发福州古厝数字博物馆平台，搭建运行支撑环境，将福州古厝搬到云端，满足公众、游客足不出户在线观展需求。在为期三年的建设升级后，2025 年 2 月便民 App "e 福州"正式推出福州市历史文化遗产数字化平台，该平台由福州市历史文化名城管委会联合市文物局、市文旅局、市冶城集团打造，通过构建全域覆盖、动态监管、全民共享的智慧保护体系，力图打造福州历史文化名城"第一张数字名片"。

福州古厝数字博物馆数字平台通过先进的数字化技术，将福州丰富的历史建筑资源进行系统化整合与多维展示，构建了一个集地图导航、街区导览与精选古厝深度解析于一体的综合性文化遗产保护与传播平台。福州古厝数字博物馆平台内容主要分为三大模块——地图、街区和精选古厝（见图 9-3-7），各具特色又相互关联，为用户提供全方位的数字文化体验。该平台以 GIS 技术为基础，在地图模块中精准标注了 1 416 座古厝建筑的地理位置，用户可通过信息搜索栏直接输入古厝名称在地图模块中实现快速定位，快速获取该建筑的详细信息。每座古厝的数据卡片都包含地址定位、建筑身份类别、建造年代及文化简介等核心信息，部分重要建筑还配有历史照片和建筑测绘图。这一模块不仅实现了古厝资源的空间化展示，更构建了一个庞大的建筑信息数据库，为研究者提供了宝贵的参考资料。

---

① 《中共中央办公厅　国务院办公厅印发关于推进实施国家文化数字化战略的意见》，中国政府网，2022 年 5 月 22 日，https://www.gov.cn/zhengce/2022-05/22/content_ 5691759.htm。

值得一提的是，地图支持多级缩放功能，用户可以从福州全域视角逐步聚焦到单栋建筑，直观感受古厝在城市中的分布格局。这种空间数据与属性数据的联动，依托于后台强大的数据库架构和空间索引技术，确保了海量建筑信息的实时检索与高效呈现，同时为古厝的数字化建档提供了标准化模板。

图 9-3-7　地图、街区、精选古厝三大模块

资料来源：福州市历史文化遗产数字化平台（公众版）。

街区模块则聚焦福州古厝的集群保护，汇集了全市各县区 22 个特色文化区域。这些区域包括三坊七巷、上下杭等国家级历史文化街区，以及烟台山、梁厝等特色历史风貌区，还涵盖了多个重要遗址公园（见图 9-3-8）。通过高精度卫星影像与三维建模相结合的方式，用户

可直观感知街区的空间格局与历史风貌。每个街区都配有详细的文字
介绍和全景影像，部分重点街区还制作了三维复原模型。通过这一模
块，用户可以系统了解福州古建筑群的整体风貌，感受不同历史街区
的空间肌理与文化特色。平台特别设计了街区漫游功能，用户可沿着
虚拟导览路线，沉浸式体验街巷格局和建筑群落关系，领略福州"城
中有坊，坊中有巷"的传统城市空间特色。

图 9-3-8　梁厝历史文化街区全景 VR

资料来源：福州市历史文化遗产数字化平台（公众版）。

精选古厝模块是平台的精华所在，按照保护等级分为国保、省保、
市保、县/区保、未定级文物及历史建筑六大类（见图 9-3-9）。通过
倾斜摄影、激光扫描等技术生成毫米级精度的三维模型，配合全景 VR

技术构建沉浸式浏览环境，让用户足不出户就能 360°观赏建筑细部（见图 9-3-10）；价值特色板块从历史、艺术、科学等角度深入解读建筑价值；旅游导览功能则整合了 AR 定位技术，实现线上虚拟展示与线下实地游览的无缝衔接；最引人入胜的是"建筑衍变"部分，通过图文可了解到该古厝的介绍及背后的名人轶事和家族历史，将建筑与人文紧密结合，使冰冷的砖瓦木石变得有温度、有故事。配合其中的三维模型视频可旋转查看整体建筑的外观及内部布局等功能，让建筑史变得生动可感。

图 9-3-9　精选古厝六大类

资料来源：福州市历史文化遗产数字化平台（公众版）。

图 9-3-10　严复故居 VR 场景

资料来源：福州市历史文化遗产数字化平台（公众版）。

　　该平台创新性地采用"数字母舰+子平台"的运营模式，与福州各大历史文化街区及官方文旅平台建立了深度战略合作。在平台互联方面，系统已实现与"福州上下杭"公众号的无缝对接（见图9-3-11），用户可直接在博物馆平台查阅该历史街区3—4月演艺活动的完整预告信息，包括传统闽剧表演、非遗技艺展演等特色文化活动，以及链接上"遇见福州"官方公众号发布的精品内容，形成"数字博物馆—历史街区—城市文旅"三位一体的信息服务体系。

图文来源："福州上下杭"公众号

图9-3-11　链接"福州上下杭"公众号

资料来源：福州市历史文化遗产数字化平台（公众版）。

　　这种平台联动机制具有三大创新价值：其一，打通了文化遗产保护与活化利用的数字化通道，用户可在云端完成从建筑认知到文化体验的全流程；其二，构建了"静态展示+动态活动"的立体传播模式，既呈现古厝的物质形态，又展现其承载的活态文化；其三，通过官方媒体矩阵的协同传播，有效扩大了福州城市文化品牌的辐射范围。目前，平台已整合包括三坊七巷、烟台山历史风貌区在内的12个历史文化街区的实时动态，接入8个官方文旅新媒体平台资源。据统计，这种跨平台协作模式使文化活动参与度提升40%，文旅资源转化率提高25%，充分体现了数字技术对传统文化传承创新的赋能作用。

总之，福州古厝数字博物馆不仅是一座虚拟展馆，更是一个持续生长的数字生态系统。通过数字化手段，这些承载着城市记忆的建筑瑰宝得以永久保存，并以更生动的方式走向大众。这种创新性的文化遗产保护模式，既延续了福州传统建筑的生命力，也为其他城市的历史建筑保护提供了可资借鉴的福州方案。在这个数字空间中，每一座古厝都在诉说着属于它的历史故事，共同编织成闽都文化的璀璨图景。

未来，平台将不断扩充新的古厝数据和功能模块，拓展与高校科研机构、国际文化遗产组织的合作，进一步丰富数字生态系统的文化内涵。随着5G、AI等新技术的成熟应用，平台计划进一步扩展覆盖范围，深化与各类文化设施的融合应用，探索更多元的服务模式。这一持续创新的过程，将为其他地区提供有益参考，推动数字时代公共文化服务的整体提升。

三、"浙里文化圈"案例研究

近年来，浙江省积极响应国家文化数字化战略号召，以创新思维推动文旅产业转型升级，通过数字技术赋能传统业态，培育新型文旅消费模式，全面提升文化产业核心竞争力。在这一进程中，

"15分钟品质文化生活圈"的构建成为浙江文旅数字化建设的标志性成果，而"品质文化惠享·浙里文化圈"（简称"浙里文化圈"）数字服务平台的上线运营，则标志着浙江在公共文化服务领域迈入智慧化新阶段。

2022年10月正式推出的"浙里文化圈"数字服务平台，依托"浙里办"App和微信小程序双渠道，开创性地将"15分钟"这一时间概念转化为衡量文化生活品质的重要标尺。该平台以构建全天候在线文化空间为目标，立足公众精神文化需求，创新性地整合了"看书、观展、演出、艺培、文脉、雅集、知礼"七大核心场景（见图9-3-12），建立起覆盖省市县乡村五级的文化服务网络。通过大数据分析实现用户精准画像，平台能够智能推送文化展览、图书借阅、文艺演出等个性化服务内容，形成了完整的公共文化服务闭环体系。据统计，截至2024年1月1日，平台上线以来已吸引508万注册用户，整合了16个省级部门和五级文化资源，组织开展文化活动近百万场次，图书借阅超10万册次，场馆预约突破400万人次。[①]

在具体实践层面，"浙里文化圈"通过四大创新举措重塑了公共文化服务格局。

首先，构建一站式文化服务平台，该平台突破传统服务模式局限，将图书借阅、展览参观、艺术培训、演出观赏等多元文化需求整合于统一入口。用户不仅可以实现图书一键借阅、在线通借通还，还能便捷获取各类文化场馆的预约参观服务。在艺术培训方面，平台提供标准化课程选择和线上报名通道（见图9-3-13）；在演出观赏环节，则实现了从资讯获取到票务购买的全流程线上服务。这种"指尖可达"的服务模式，极大提升了公共文化服务的可

---

① 《"浙里文化圈"数字服务平台年度运营报告》，浙江省文化和旅游厅，2024年1月1日。

及性和便利性。

图 9-3-12 "浙里文化圈"七大核心场景　　图 9-3-13　艺培线上报名通道
资料来源:"浙里文化圈"小程序。　　　　资料来源:"浙里文化圈"小程序。

　　其次,打造智能化基层文化服务终端。针对基层文化机构数字化基础薄弱、专业人才匮乏等现实困境,"浙里文化圈"通过统一技术标准和服务规范,实现了全省文化资源的系统整合与数据共享。这一创新举措不仅激活了基层文化设施潜力,更有效解决了公共文化服务"最后一公里"难题。截至目前,浙江省已建成"15 分钟品质文化生活圈"超万个(见图 9-3-14),覆盖村(社区)1.18 万个,整合各类文化空间 9 万余个,汇聚文艺社团 5.6 万个,文化志愿组织 2.53 万个,全部纳入"浙里文化圈"服务平台。

图 9-3-14　彭家村"15 分钟品质文化生活圈"

再次，创新传统文化数字化传承模式。平台深入挖掘浙江本土文化资源，将散落各处的文化遗产进行数字化整合与活化利用，通过线上展览、虚拟体验等创新形式，让传统文化以更生动的方式走进现代生活。这种数字赋能不仅保存了文化记忆，更创造了新的文化体验方式，有效增强了文化认同感和自豪感。

最后，构建多平台协同的服务生态。"浙里文化圈"通过与"浙里办""游浙里"等政务服务平台的无缝对接，以及入驻支付宝等第三方平台，实现了服务渠道的多元化拓展。特别是"浙里票务"子平台的开发，进一步完善了文化消费服务链条，提升了整体服务效能。

从实践经验来看，"浙里文化圈"的成功运营为数字时代公共文化服务创新提供了重要启示。该平台通过建立全省统一的公共文化服务资源库，整合线下行政区域数据、人口基础数据和国土资源信息，运用大数据分析技术科学评估文化设施布局，实现了文化资源的精准投放。基于用户画像的智能推荐系统，让每位使用者都能获得个性化的文化服务体验，真正做到"文化可感、可得、可见"。

"浙里文化圈"数字平台的创新实践，通过智慧化手段与数字技术的深度融合，为公共文化服务体系建设探索出一条具有示范意义的发展路径。该平台以市县站点建设为基础，构建起覆盖全域的五级文化资源网络，通过"云展览""云演艺"等创新服务形式打破时空限制，让群众足不出户就能享受高品质的文化服务，形成了线上线下相互促进的良性生态。这种以数字技术盘活文化资源的模式，不仅提升了公共文化服务的可及性，更通过沉浸式体验、社交互动等新型服务场景的打造，重新定义了文化惠民的内涵，使文化服务从单向供给转变为双向互动，让文化资源真正流动起来、活起来。

在服务场景创新与流程优化方面，平台敏锐把握当代文化消费的移动化、即时性特征，运用"互联网+"思维重构服务链条。通过系统整合文化场所导航、活动推荐、票务服务等多元功能，打造出一站式数字文化服务平台。重点培育的沉浸式体验、艺术熏陶等新型消费场景，配合智慧推荐、虚拟导览等技术创新，既满足了用户个性化需求，又为线下文化场所导流聚气。这种以用户需求为中心的服务再造，不仅优化了文化消费体验，更通过热点推送、区域分类等精细化运营手段，建立起文化服务与受众之间的情感连接，使静态的文化资源转化为动态的文化活力。

平台的成功还得益于其构建的多元协同生态体系。通过政府、市场、市民三方需求的精准对接，形成文化服务的"最大公约数"。在渠道拓展方面，平台打破单一服务边界，借助特色文旅活动宣传和优惠信息推送等柔性方式，实现用户流量的跨平台转化。这种联动策略既放大了文化服务的传播声量，又培育出可持续发展的市场生态，使文化惠民从行政推动转向市场驱动。特别是在后疫情时代，平台通过数字纽带维系文化供给的连续性，证明数字化不仅是技术手段，更是重塑文化生产关系的关键变量。

总体而言，"浙里文化圈"的实践为文旅数字化发展提供了范式参考。其价值不仅体现在服务效能的提升上，更在于构建起文化领域"需求精准感知—资源智能配置—服务高效触达"的全新治理逻辑。随着5G、AI等技术的深化应用，数字赋能将不断突破文化服务的时空维度，使"千人千面"的精准服务成为可能。未来，文化服务的竞争，必将是生态系统之间的竞争，而浙江经验表明，唯有坚持技术为民、服务为本，才能在数字化浪潮中真正实现文化繁荣与人民幸福的同频共振。

第四节　本章小结

随着数字技术的迅猛发展，文化遗产资源数字化已成为推动城乡公共文化服务均等化、普惠化的重要途径。本章基于城乡公共文化服务视角，探讨了文化遗产资源数字化应用的理论基础、实践案例与发展趋势，揭示了数字化技术在文化遗产保护、传播与公共文化服务中的多重价值。从上海"建筑可阅读"项目的沉浸式建筑叙事，到福州古厝数字博物馆的"数字母舰+子平台"模式，再到"浙里文化圈"构建的"15分钟品质文化生活圈"的服务生态，这些案例共同展现了数字化技术如何打破城乡文化资源壁垒，重塑公共文化服务的供给模式与体验方式。

文化遗产资源数字化技术的核心价值在于其实现了文化资源的永

久保存、高效传播与创新利用。三维扫描、VR、AR、GIS 等技术的综合应用，不仅提升了文化遗产记录的精确性与完整性，还创造了全新的文化阐释与体验方式。例如，福州古厝数字博物馆通过毫米级精度的三维建模与全景 VR 技术，将传统建筑的物理空间转化为可交互的数字资产，使公众能够突破时空限制，深度探索古厝的建筑细节与文化内涵。上海"建筑可阅读"项目则通过 LBS 定位与 AR 技术，将城市历史建筑转化为动态的文化节点，构建了"线上数字导览+线下实体体验"的融合模式。数字化技术不仅是文化遗产的保护工具，更是连接过去与现在、专业与大众的媒介，其意义在于"通过数字媒体激活文化遗产的社会价值"。

在公共文化服务领域，文化遗产资源数字化通过资源整合、服务创新与体验升级，显著提升了文化服务的覆盖范围与效能。首先，数字化平台打破了城乡文化资源配置的不均衡性。例如，"浙里文化圈"通过整合省市县乡村五级文化资源，构建了覆盖全域的数字服务网络，使农村地区居民能够与城市居民同等获取高品质文化内容。其次，数字化技术重构了文化服务的供给逻辑。传统单向度的"政府供给—公众接受"模式逐渐转向"需求驱动—精准匹配"的互动模式。例如，"浙里文化圈"基于用户画像的智能推荐系统，实现了文化服务的个性化推送，体现了哈贝马斯所倡导的"知识民主化"理念。最后，数字化技术创造了新型文化参与形式。上海"建筑可阅读"小程序中的建筑打卡与社交分享功能，将文化遗产体验转化为集体参与的公共文化活动，增强了公众的文化认同感与社会凝聚力。

尽管文化遗产资源数字化在公共文化服务中已取得显著成效，其未来发展仍面临技术、制度与认知层面的挑战。在技术层面，现有数字化应用多集中于可视化展示，而对文化遗产深层语义的挖掘与知识图谱构建仍显不足。未来，可结合 AI 与自然语言处理（NLP）技术，开发更具交互性与教育性的数字文化产品。例如，构建基于大模型的古建筑知识问答系统，或利用生成式 AI 复原历史场景的动态演变过程。在数据整合方面，当前各平台间存在"数据孤岛"现象，需建立统一的标准与接口，推动跨区域、跨机构的文化数据共享。国家文物局《历史建筑数字化技术规范》（WW/T 0089-2018）为数据采集提供了基础框架，但需进一步细化元数据标准与互操作协议。

制度创新是保障遗产数字化可持续发展的关键。一方面，需完善政策支持体系，明确文化遗产数字资产的确权与授权机制。例如，探索区块链技术在数字版权管理中的应用，为文化遗产衍生开发提供法律保障。另一方面，应建立多元主体协同机制，鼓励政府、企业、社区与公众共同参与数字化建设。福州古厝数字博物馆与"e 福州"政务平台的联动表明，跨部门协作能够有效扩大文化服务的辐射范围。此外，需加强城乡数字素养教育，缩小数字鸿沟。农村地区因技术设施与人才短缺，在数字化应用中处于弱势地位，未来可通过移动端轻量化应用与线下数字文化驿站结合的方式，提升服务的可及性。

文化遗产资源数字化的终极目标并非技术炫技，而是构建"以人为本"的文化服务生态。正如"浙里文化圈"所实践的，数字化成功的标志在于能否让文化资源"流动起来、活起来"，真正融入日常生活。未来，随着元宇宙、数字孪生等技术的成熟，文化遗产资源数字化将向更沉浸式、更社交化的方向发展，形成虚实共生的文化空间。在这一进程中，需始终以文化价值传承为核心，以公众需求为导向，避免技术异化为目的本身。唯有如此，数字化才能真正成为推动城乡文化共富、增强文化自信的赋能者。

结　语

　　文化遗产数字化保护与传播已呈现出多维度、跨领域的融合发展态势。从建筑遗产、文化景观遗产等空间类遗产，到博物馆、档案馆等文献资源类遗产，再到历史地段文旅及城乡公共文化服务等应用场景视角出发，数字技术正深刻改变着文化遗产的记录、保存、阐释与传播方式。在空间类遗产保护领域，三维激光扫描、倾斜摄影测量和BIM技术的结合，使建筑遗产的几何形态、材料肌理和结构逻辑得以精准数字化存档，北京"数字中轴"与春晚的建筑创演节目《栋梁》都是建筑遗产数字化创新应用的典型案例。文化景观遗产的数字化则更强调时空维度的整合，如北京"三山五园"研究团队通过时空叠合研究路径，将绘画中的场景与当代实景匹配，再现了"三山五园"作为皇家园林演变的视觉图景，这种"层积化"数字呈现使文化景观成为可阅读的历史文本。

　　在博物馆与档案馆等文献资源领域，数字化正从简单的影像采集转向深度知识挖掘。高分辨率多光谱成像技术使褪色的古籍文字重见天日。更具革命性的是，关联数据技术的普及，大英博物馆将百万件藏品信息转化为关联开放数据，使散落全球的文物数字资源能够通过语义网技术智能关联，比如输入"青花瓷"即可自动聚合景德镇窑址考古数据、海外馆藏器物和古代贸易文献。档案馆的数字化则着重解决历史资料的时空重组问题，上海档案馆开发的"城市记忆"平台将不同年代的档案地图与现代城市 GIS 系统叠加，使用户可以滑动时间轴观察外滩建筑群的百年变迁，这种时空穿越式检索彻底改变了传统档案的利用模式。

在遗产传播与文旅应用层面，数字化技术不仅创造了虚实融合的体验感知，也推动了城乡文旅公共文化服务新的呈现范式。在城乡公共文化服务方面，福州古厝数字博物馆综合运用 VR、3D 建模等技术，以线上展厅的方式全景式呈现福州各类具有"保护身份"的建筑文化遗产。数字化更是促进了遗产资源的公平获取，国家图书馆的"中华古籍资源库"使偏远地区的研究者也能查阅珍本善本，而腾讯"数字长城"项目通过游戏引擎技术，让全球用户都能以 3A 级游戏画质体验长城徒步。这些实践表明，数字化不仅解决了遗产保护的专业技术问题，更重塑了公众与文化遗产的连接方式。

值得关注的是，不同领域的数字化实践正在形成有机融合。建筑遗产的 BIM 数据成为博物馆展览的底层资源；档案文献的语义化标注又为历史街区 AR 应用提供了内容支撑。这种跨领域的数字资源流动，在一定程度上使得数字资源不再形成"数据孤岛"。从更宏观的视角看，文化遗产数字化已超越技术工具层面，正形成新的文化生产范式——数字技术不仅保存过去，更通过创造性转化塑造着未来的文化记忆形态。在这个过程中，如何在技术理性中保持人文温度，在传播中持续不断挖掘各类型文化遗产多样性，兼具学术研究深度与文化传播广度，将成为数字化时代遗产保护的核心命题。